AF636216

hedo
ber
lin

felix scheinberger

sketches from berlin's nightlife / skizzen aus dem berliner nachtleben

jaja verlag

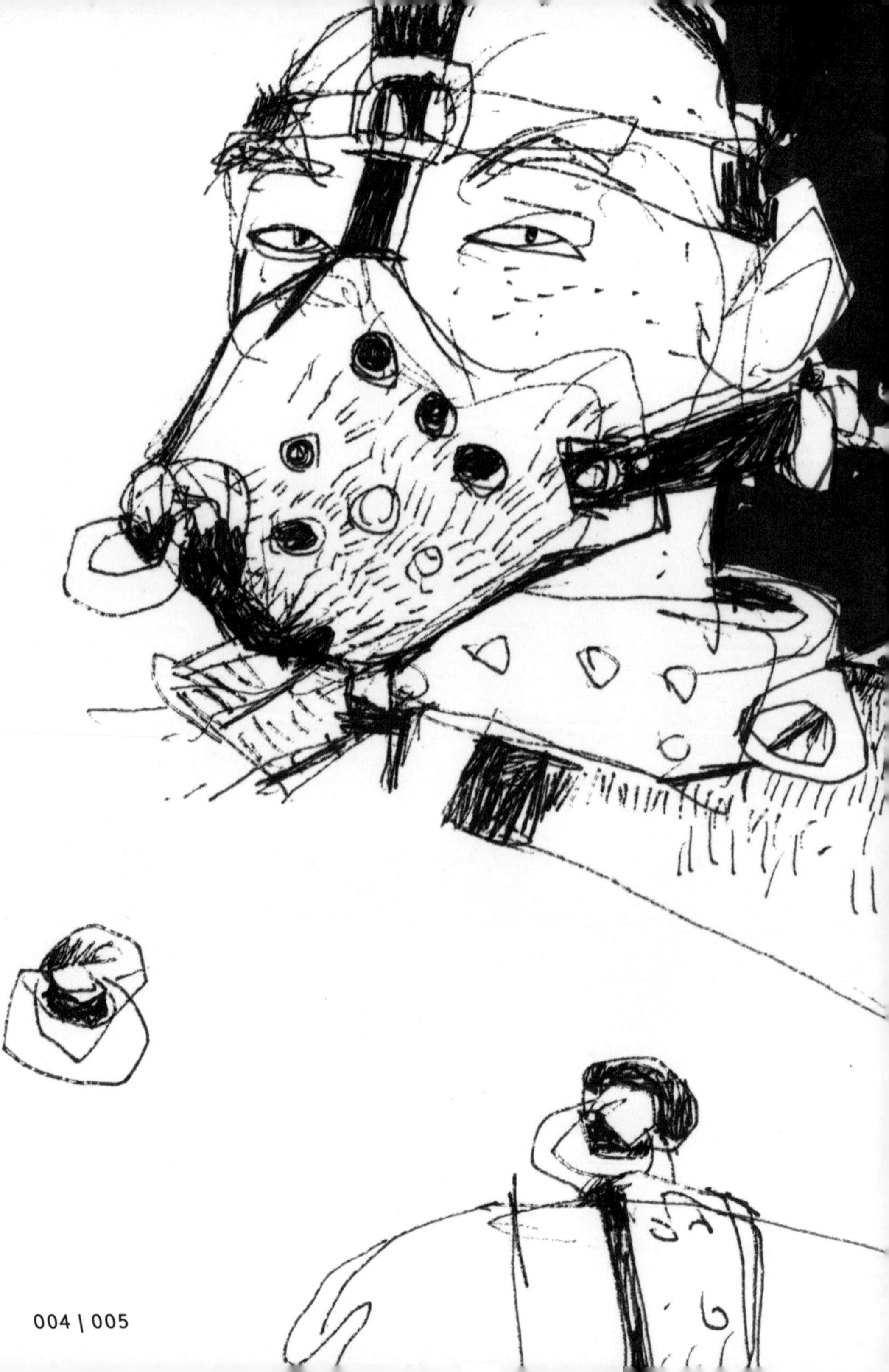

noc
turnal
thou
ghts

Felix' journeys through the hedonistically oriented spaces of the capital grant those with a covert interest in these matters a small glimpse of the people who won't give up on finding that exquisite modicum of personal bliss in their nighttime hours.
I like his slanted penstroke, the slight exaggeration of the female pelvis & the warm hues he bestows on the bodies. His subjects are often grotesque but they are always recorded with a benevolent gaze. His architectural sketches are superb anyway - a fact that requires no further discussion.
Maybe the well-disposed observer should imbibe or inhale a substance of his preference prior to entering this realm - it is well possible that the particular beauty of the assembled images will only then fully reveal itself...

Kirsten Krüger | KitKat Club

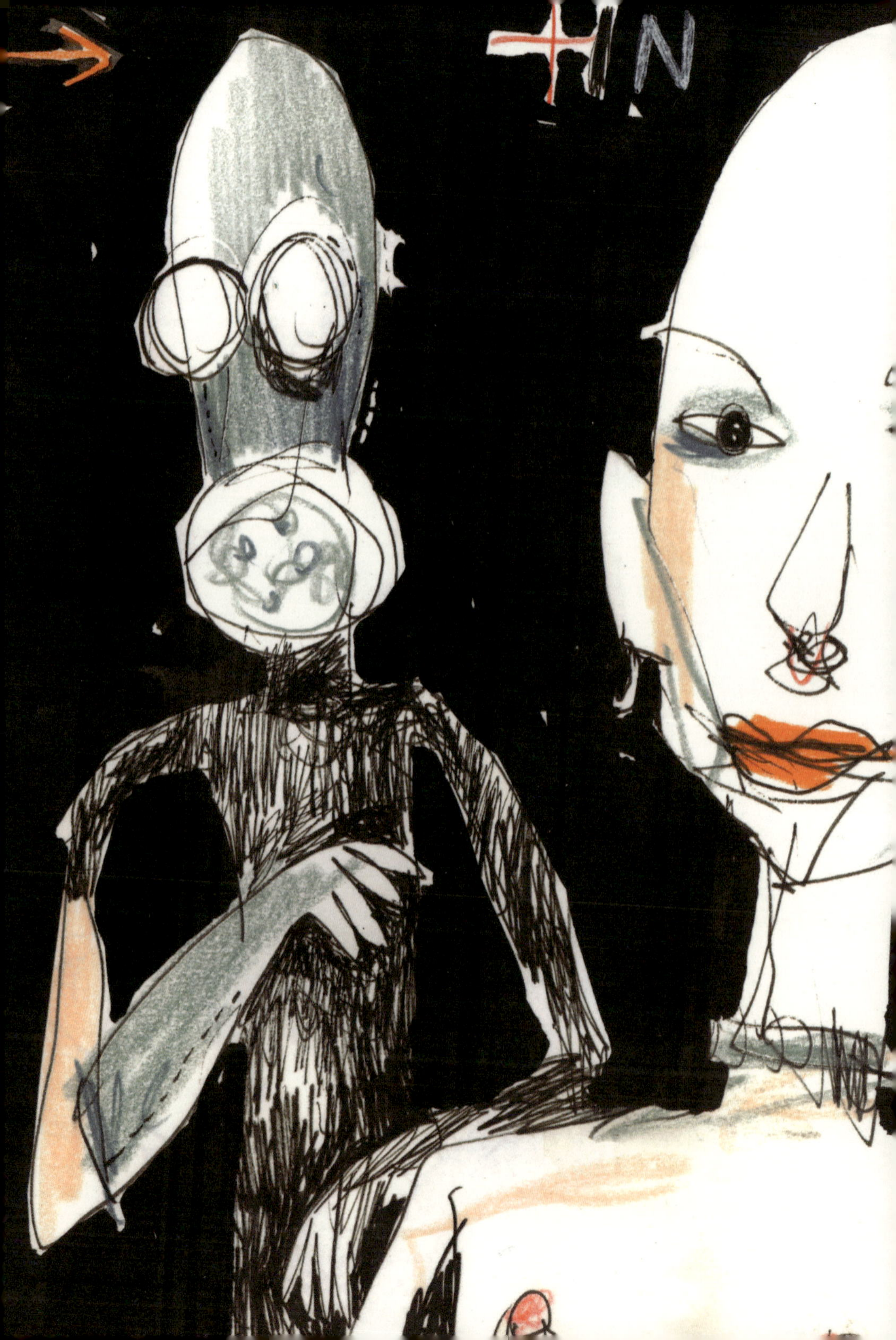

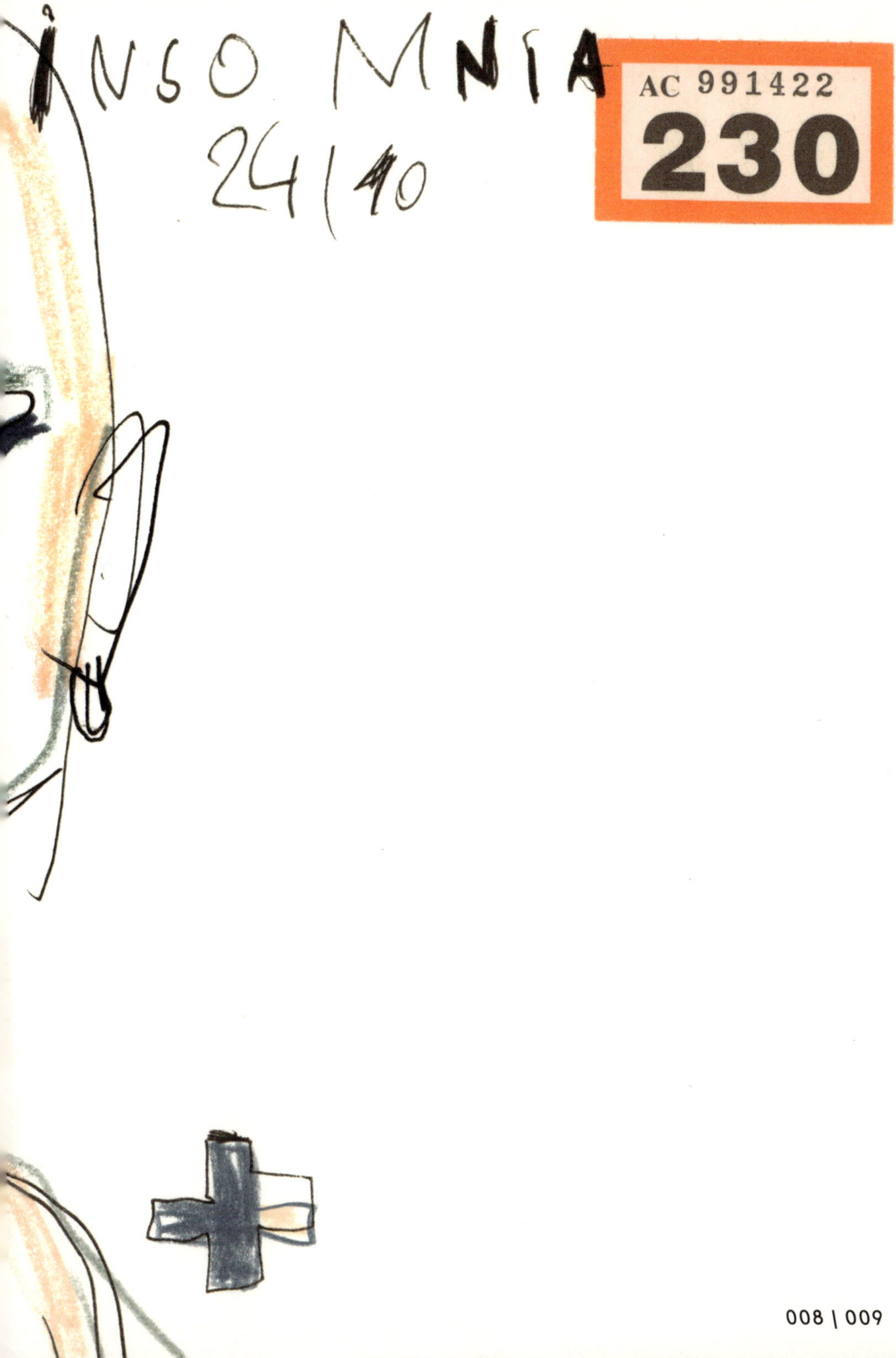
INSOMNIA
24/10
AC 991422
230

do
ors/
tür
en

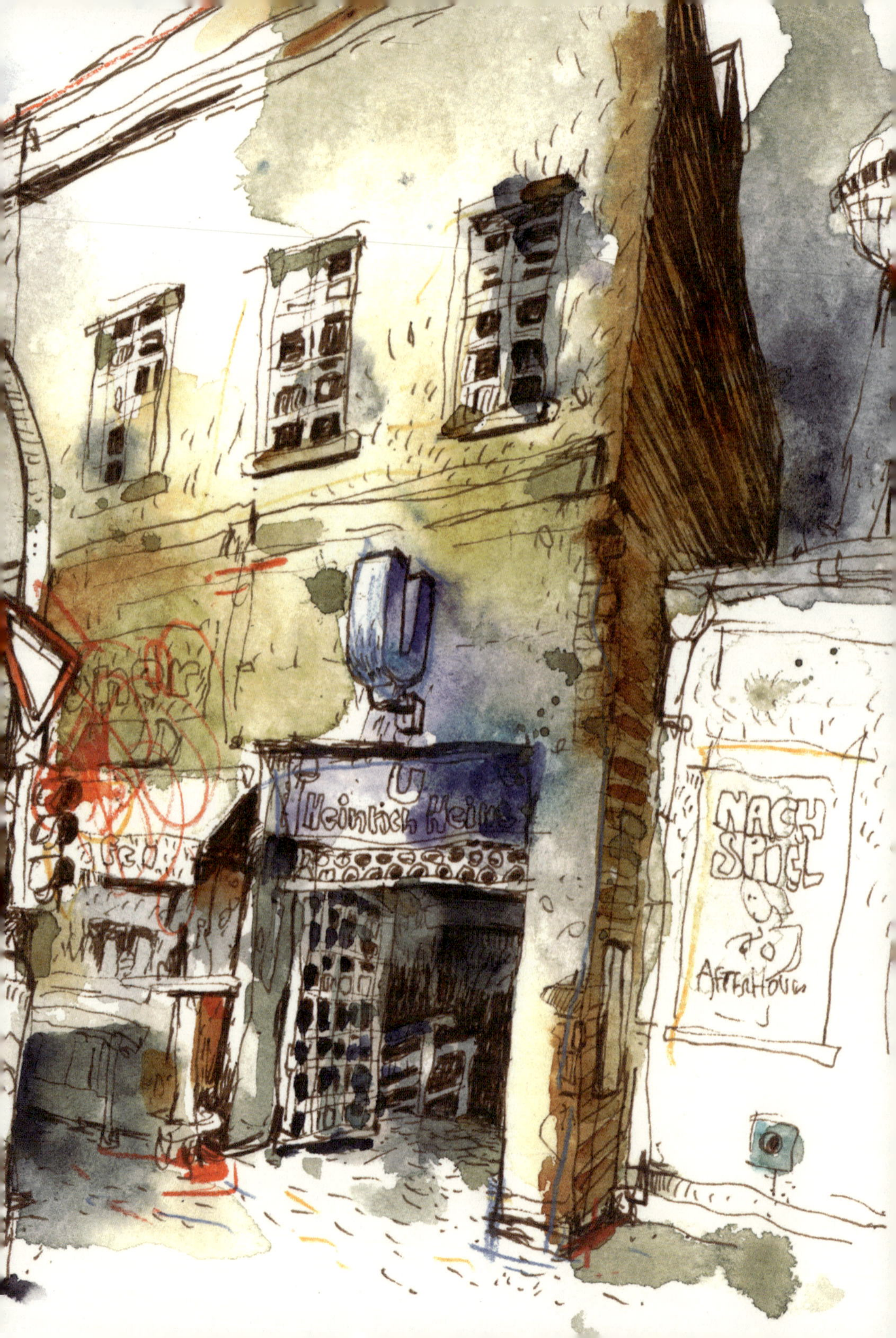
Heinrich Heine
NACH
SPIEL

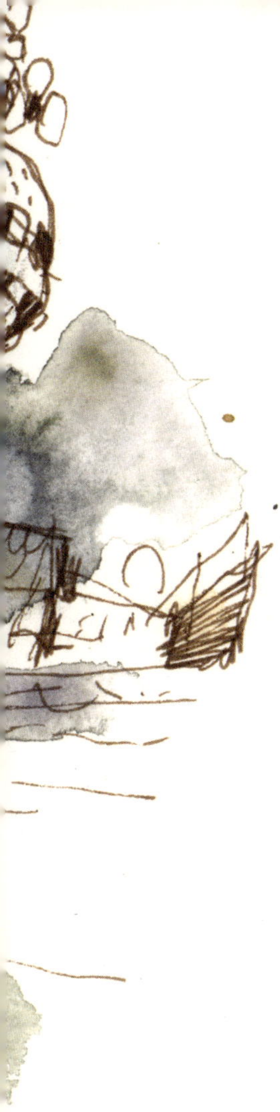

EINGANG
UM DIE
ECKE ...

UND NATÜRLICH: SCHLANG

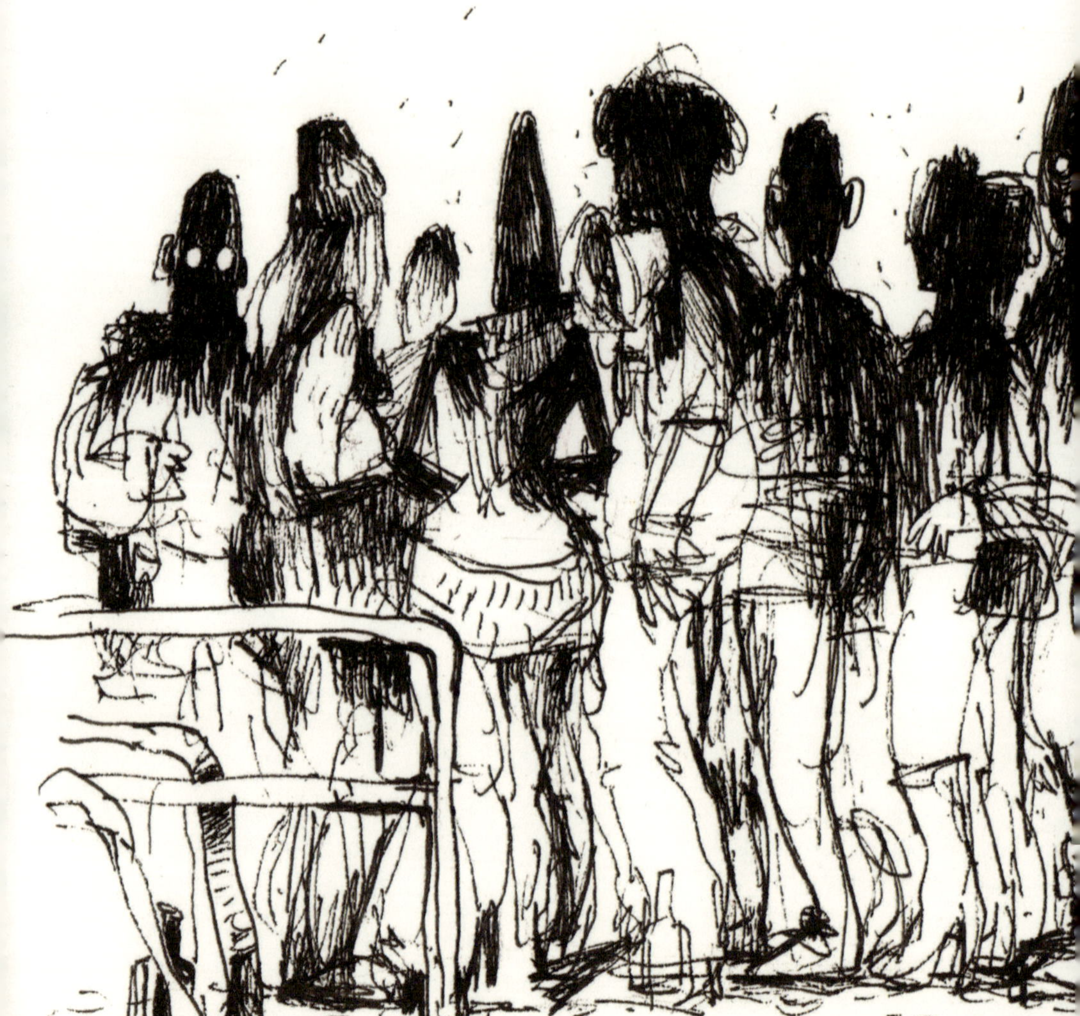

REIHEN* ...

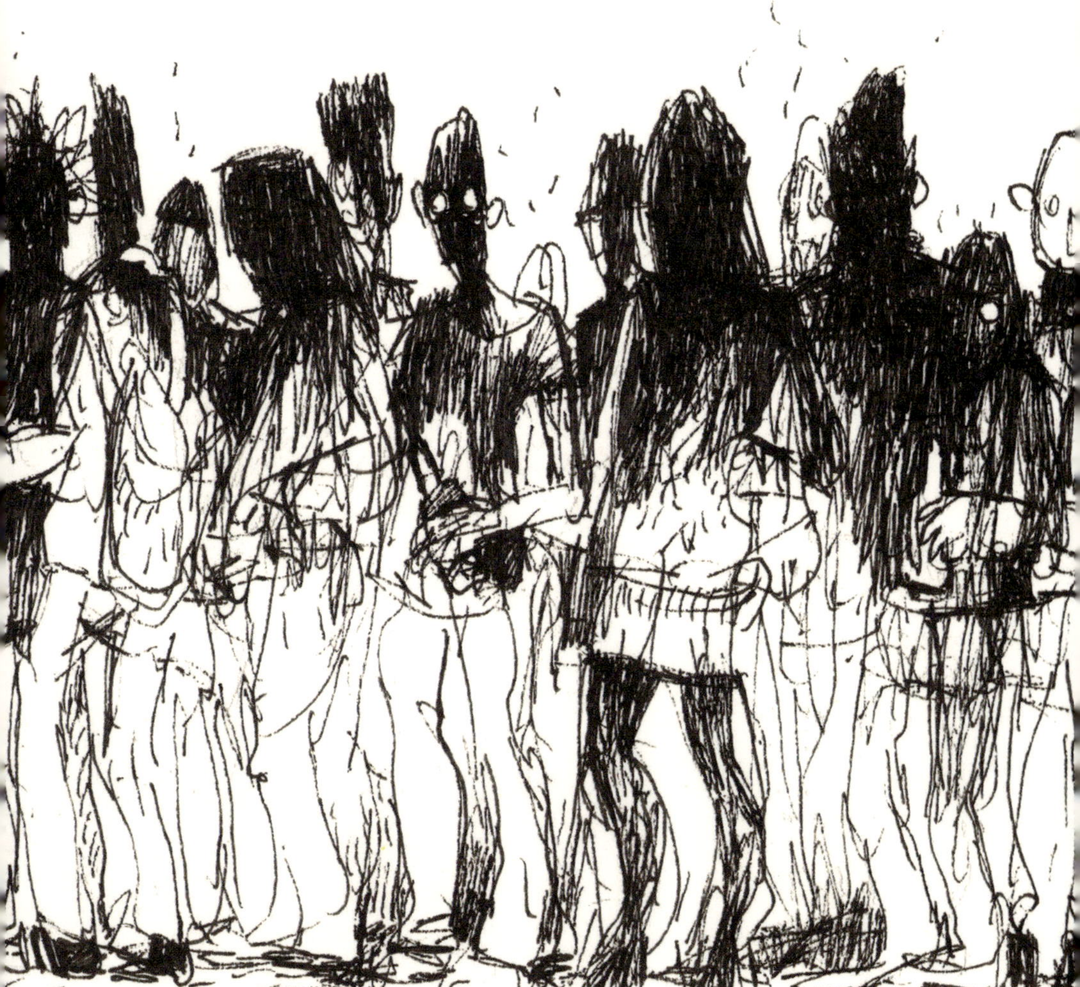

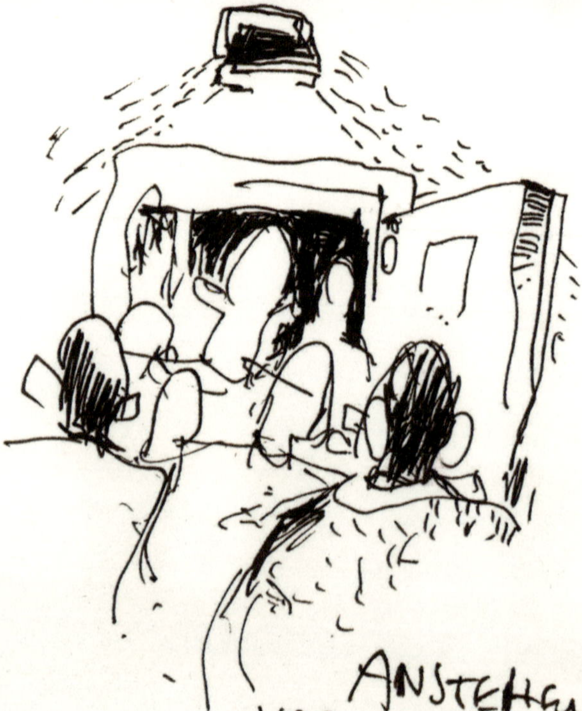

ANSTEHEN
VOR DER
(GEFÜRCHTETEN)
→ TÜR ...

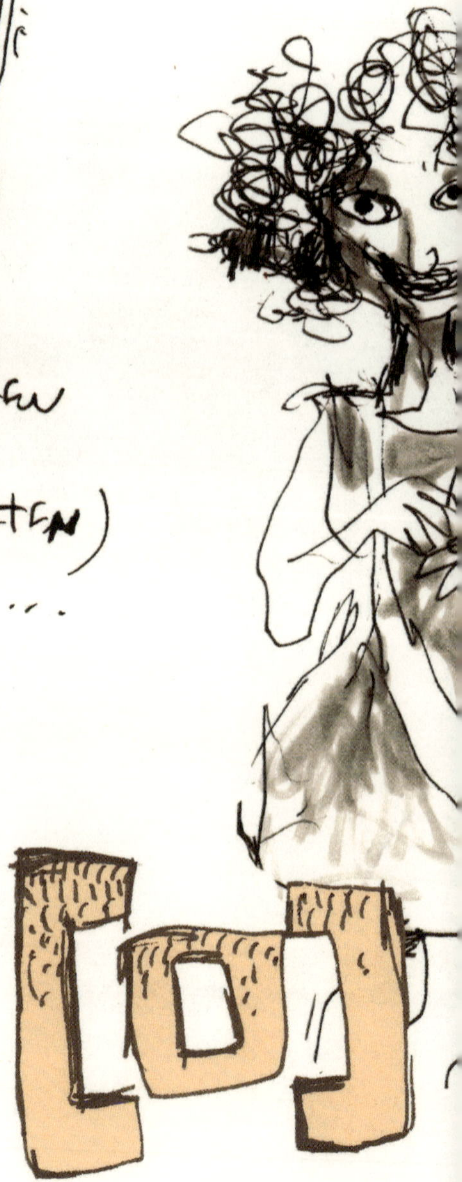

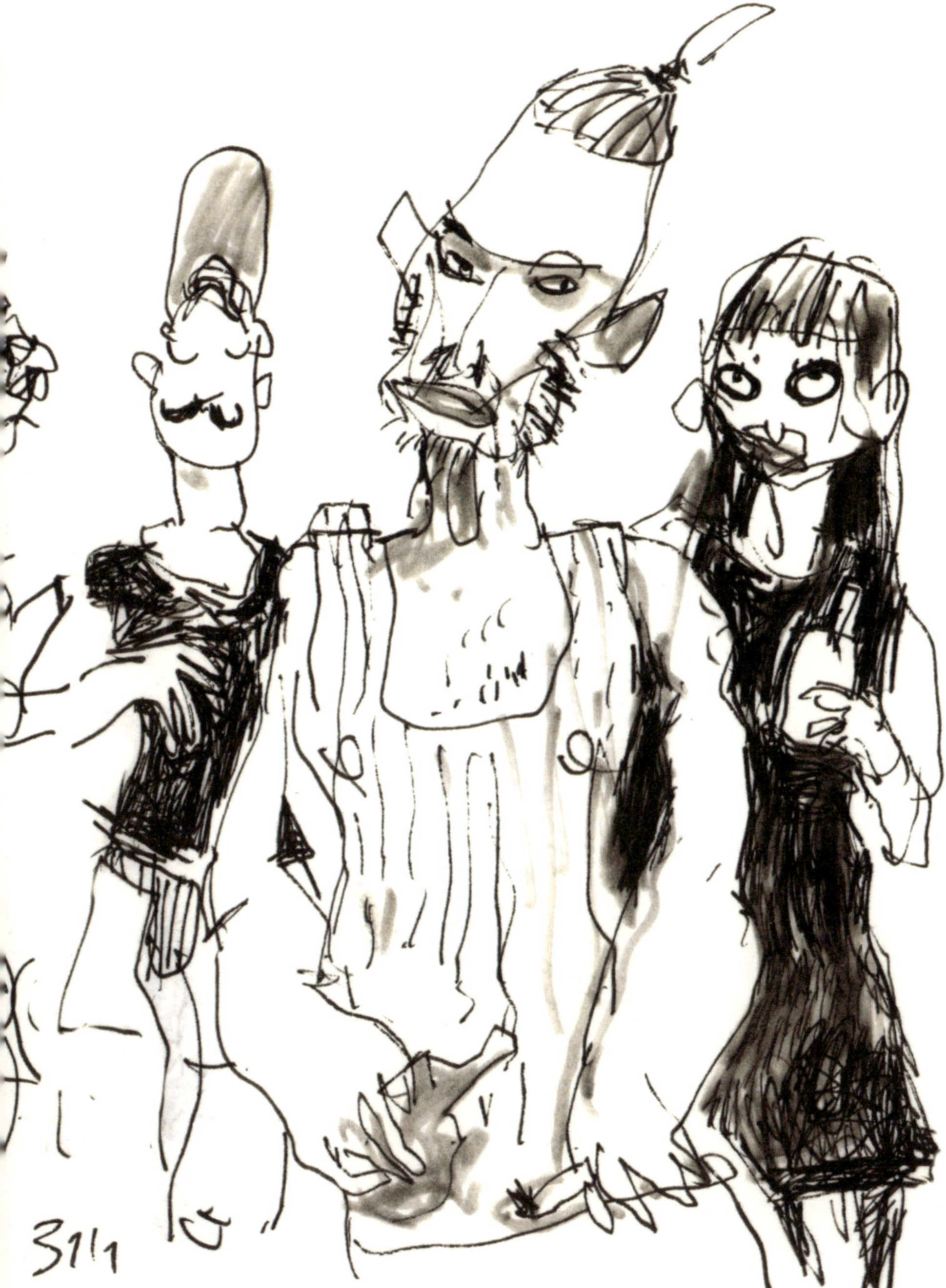
31/1

THOMAS KITKA (GUMMI) IM CLUB

CONFIDENTIAL

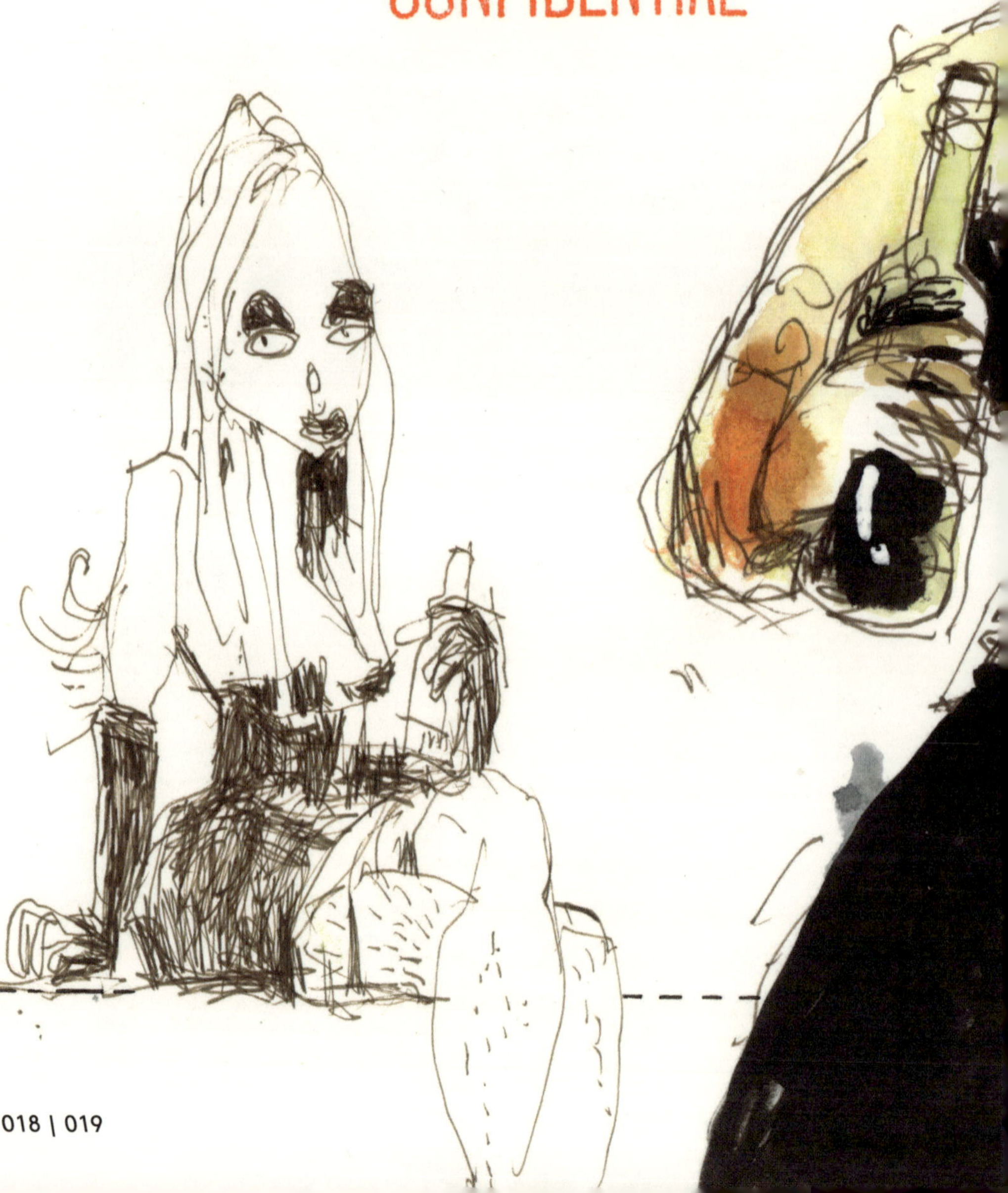

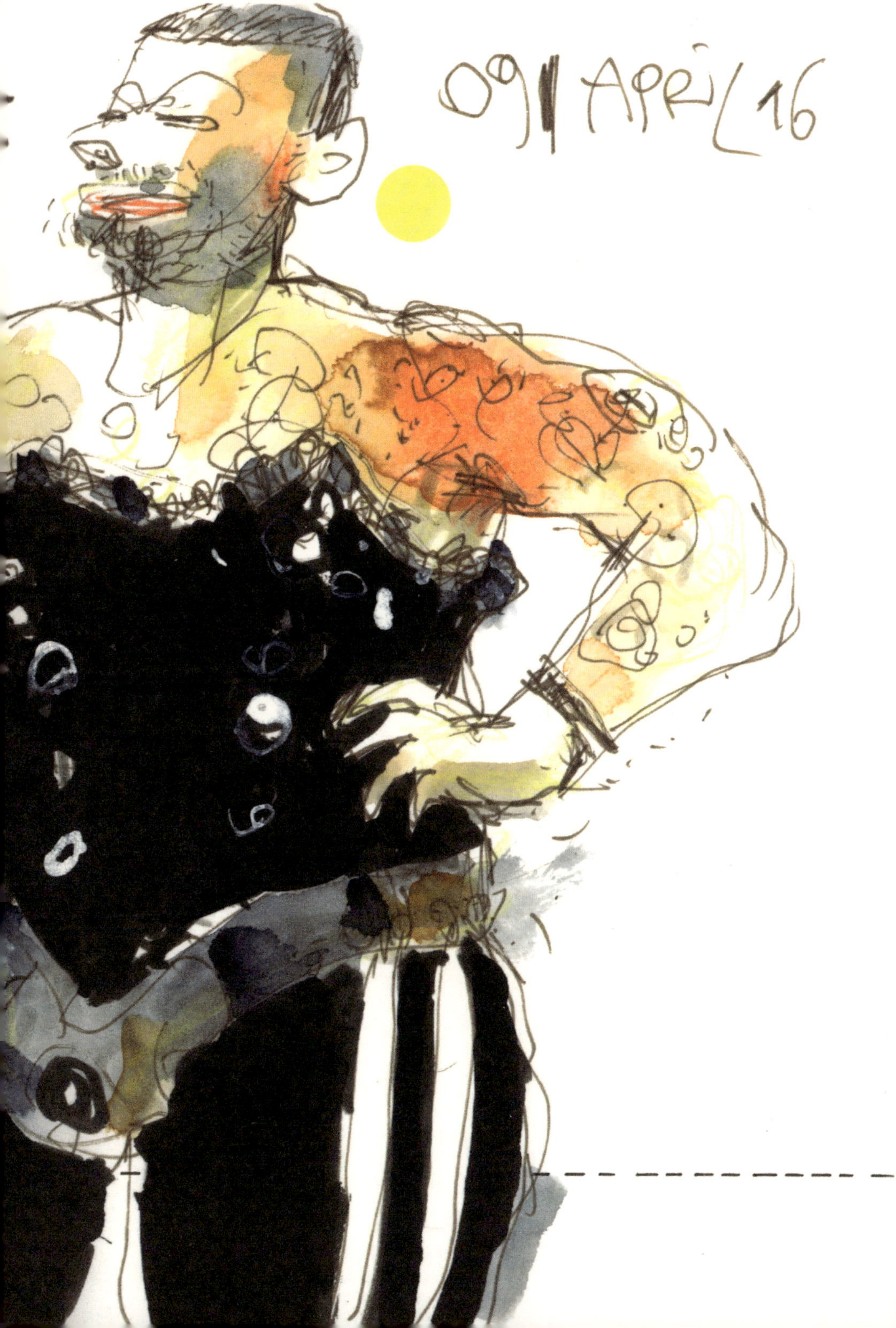
09 | APRIL 16

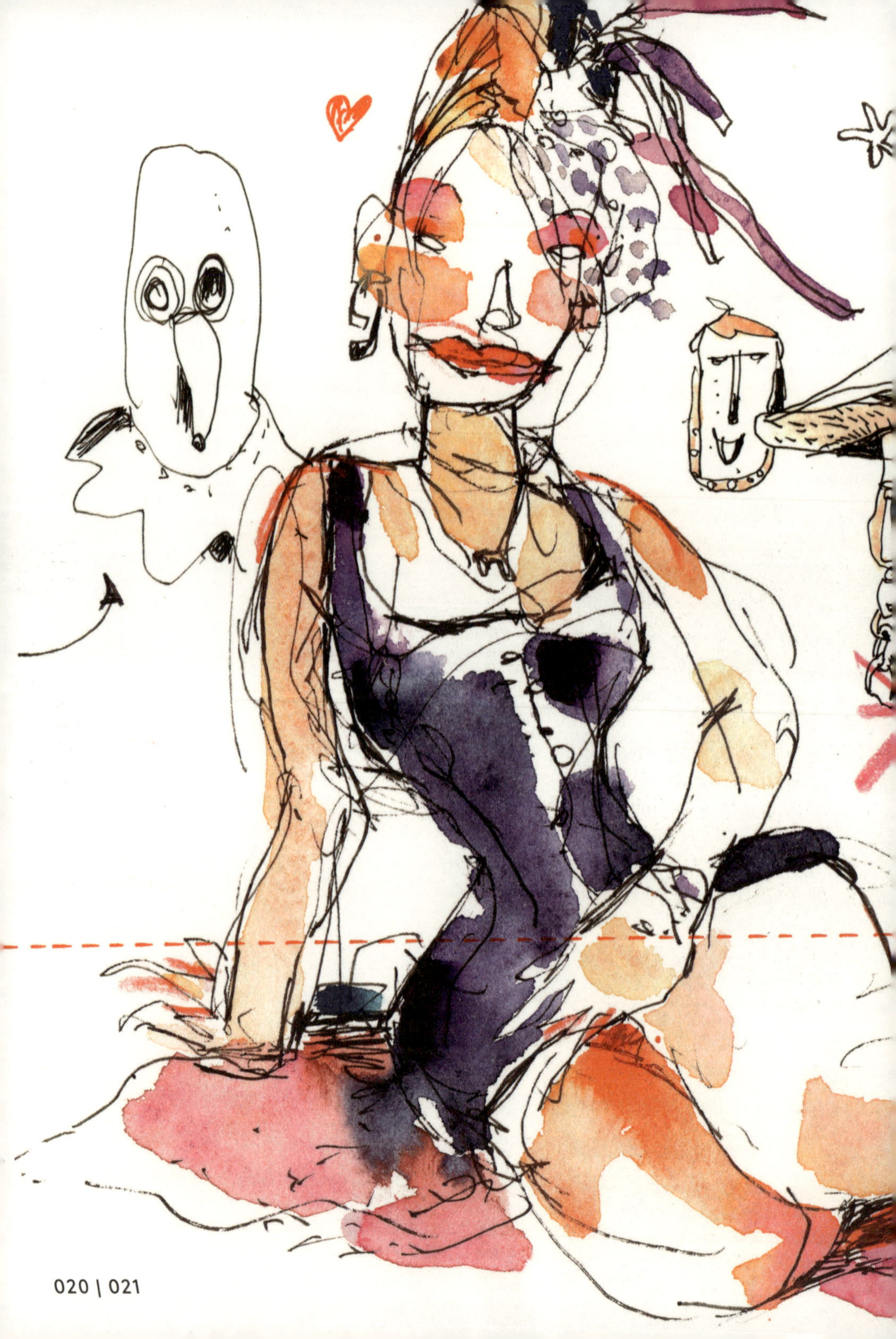

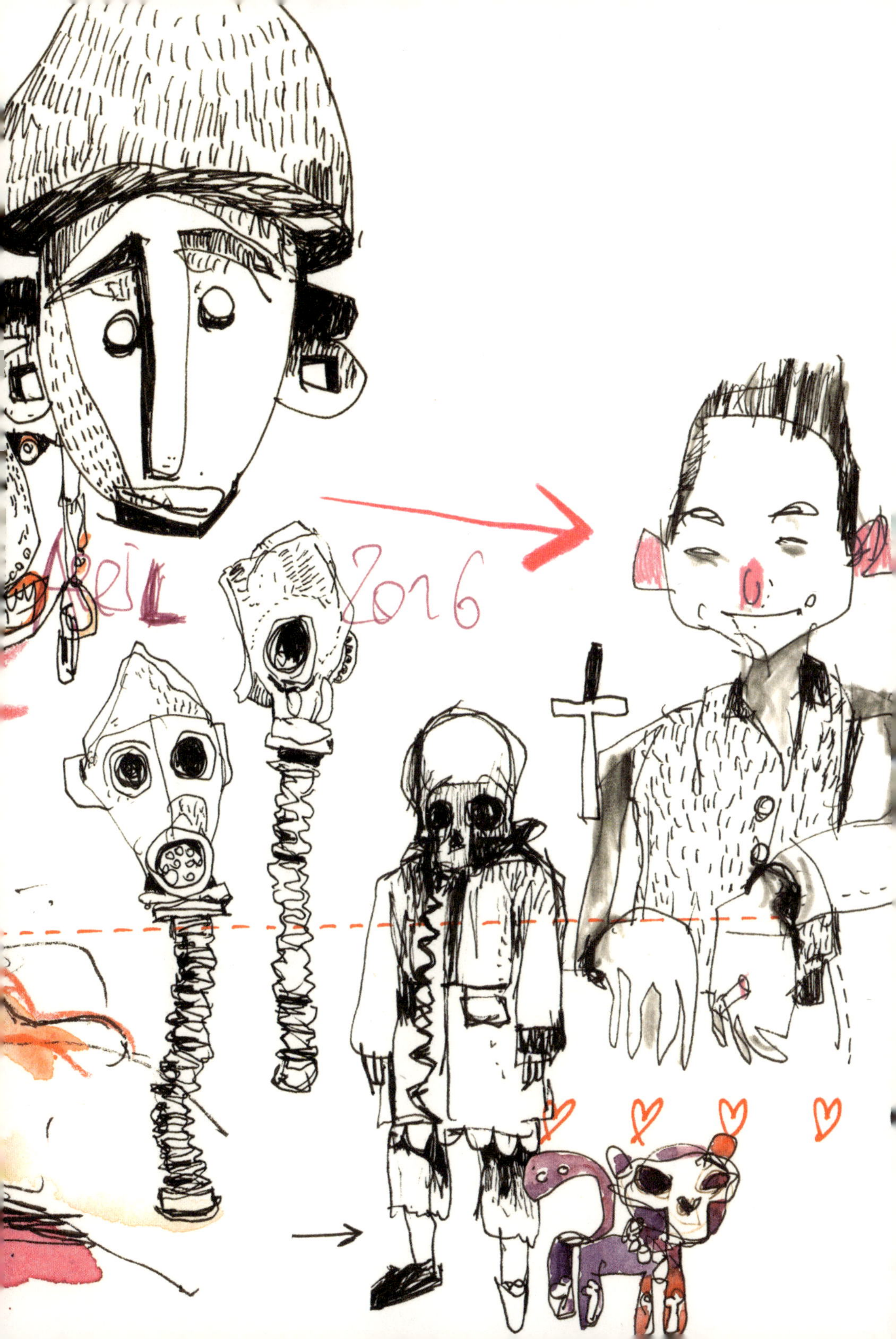
2016

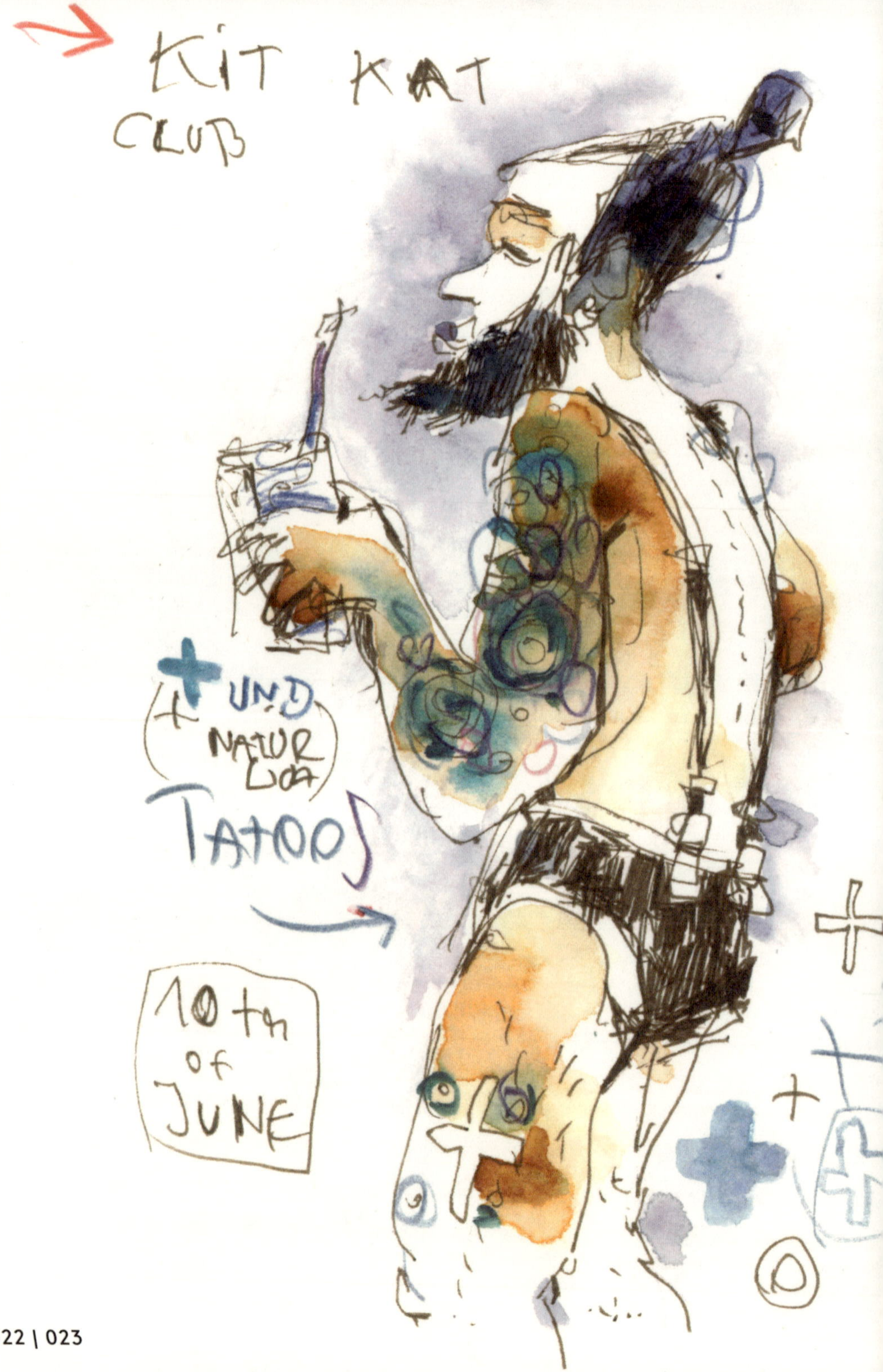
KIT KAT CLUB
(+ UND NATUR LICH)
TATOOS
10th of JUNE

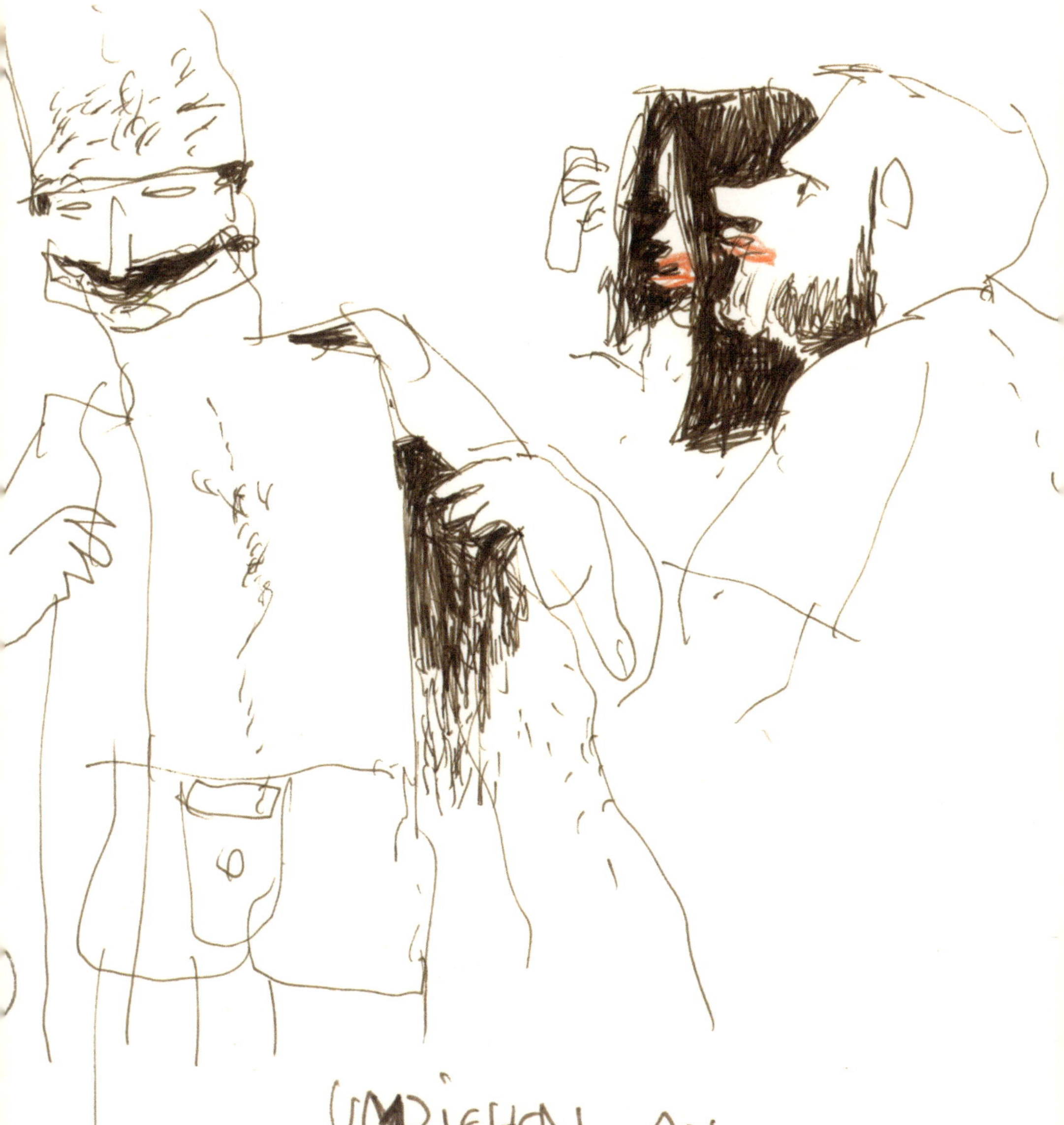

UMZIEHEN AN DER GARDEROBE...

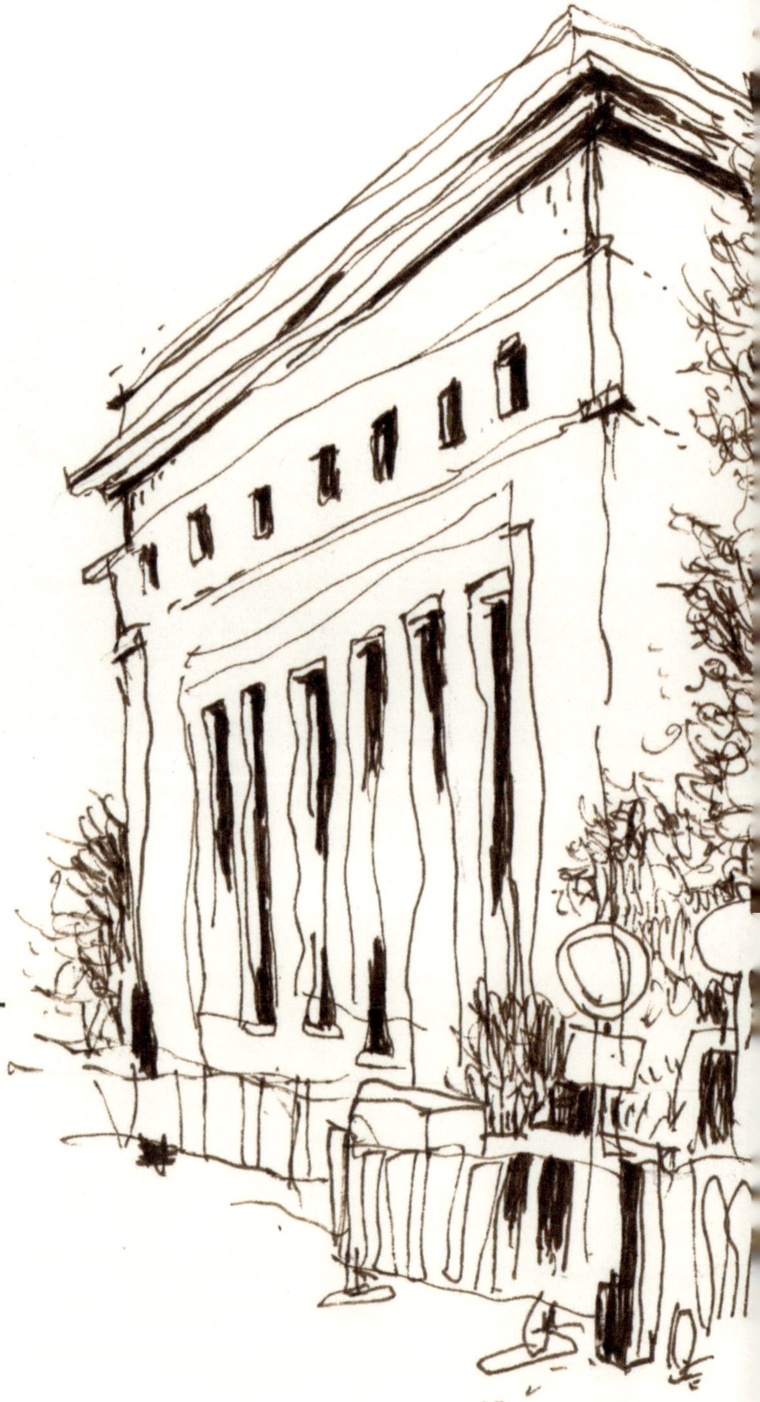

BERG
HAIN
BLICK VON
RÜDERSDORFER STR.

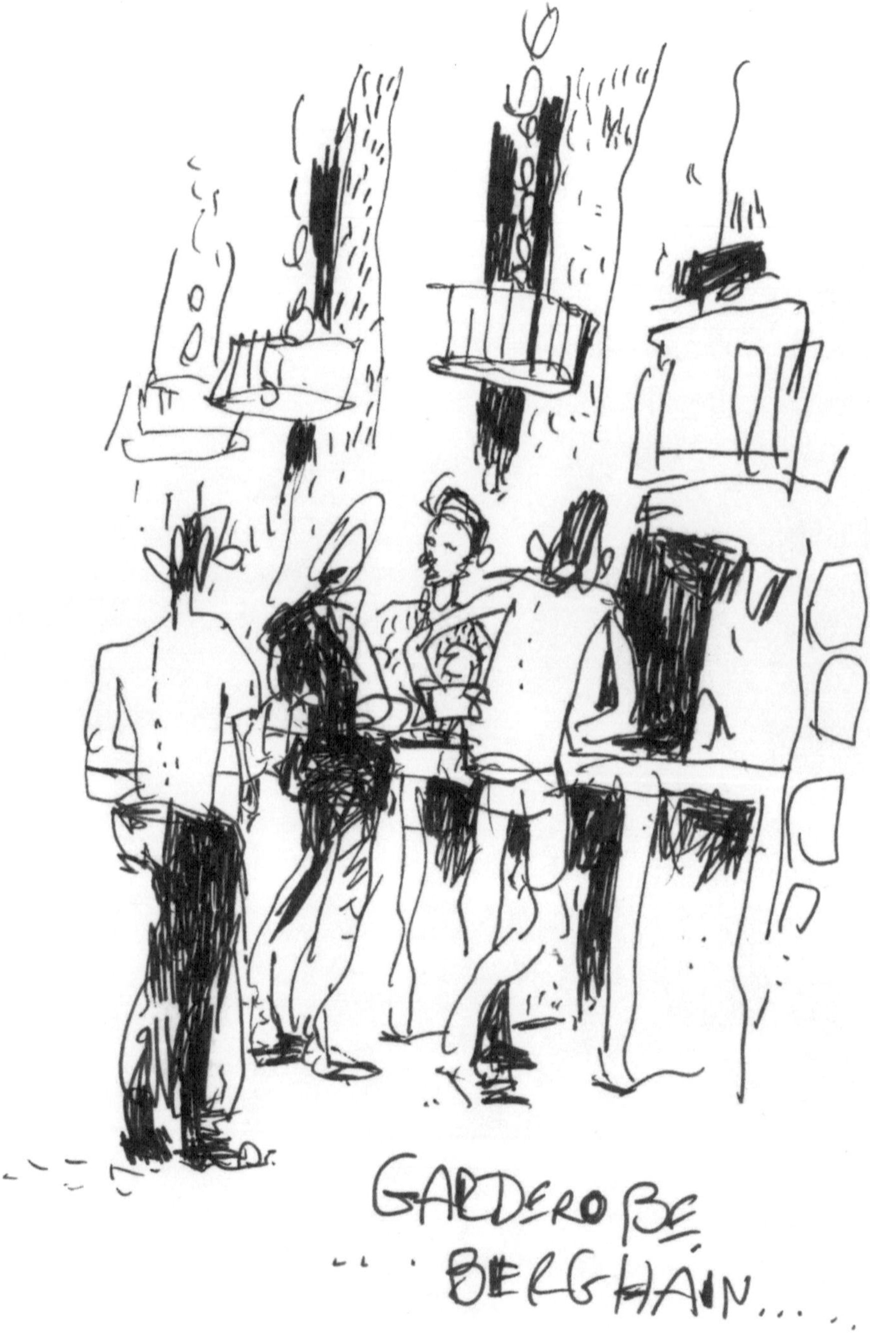
GARDEROBE
BERGHAIN......

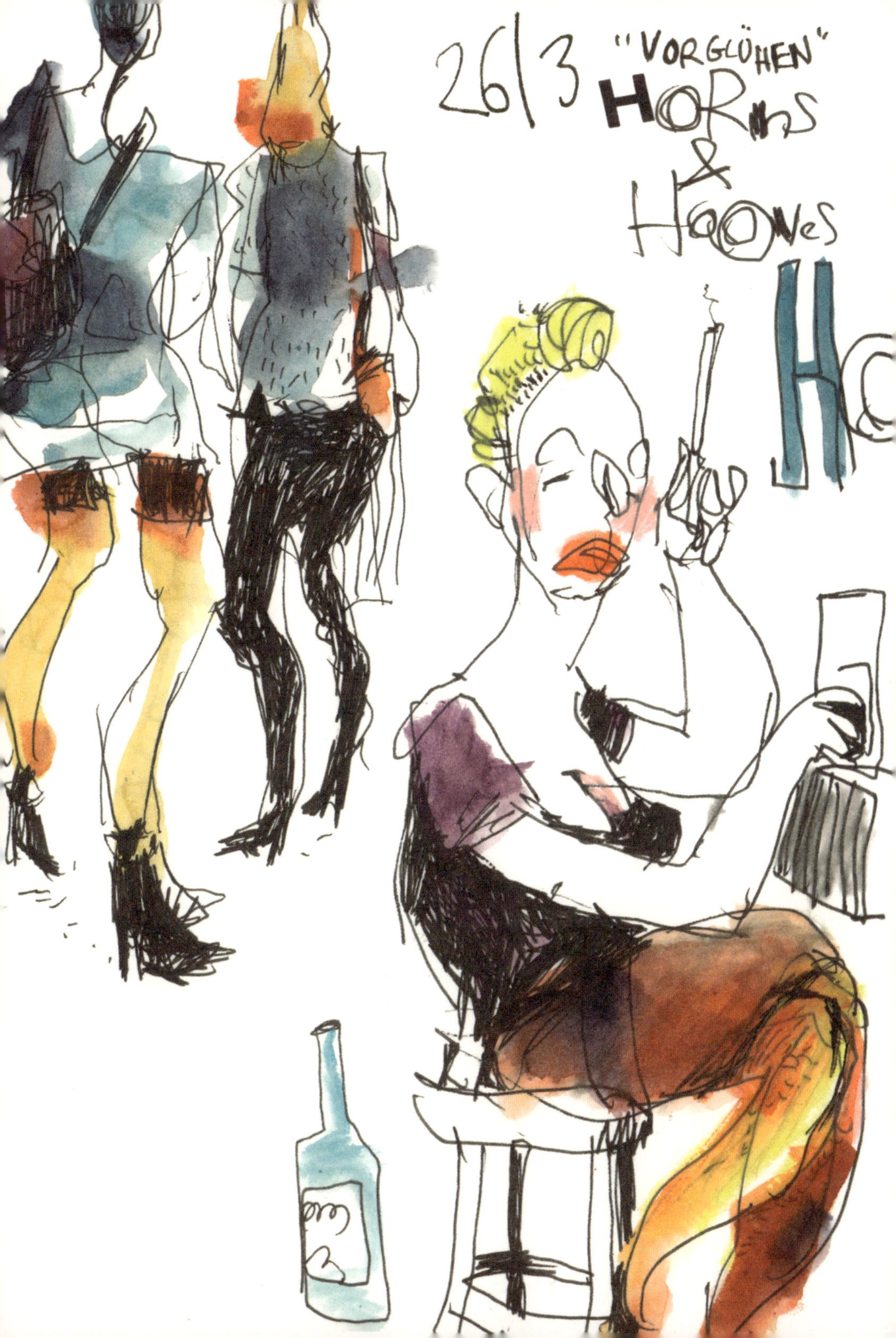
26/3 "VORGLÜHEN"
HORNS & HOOVES

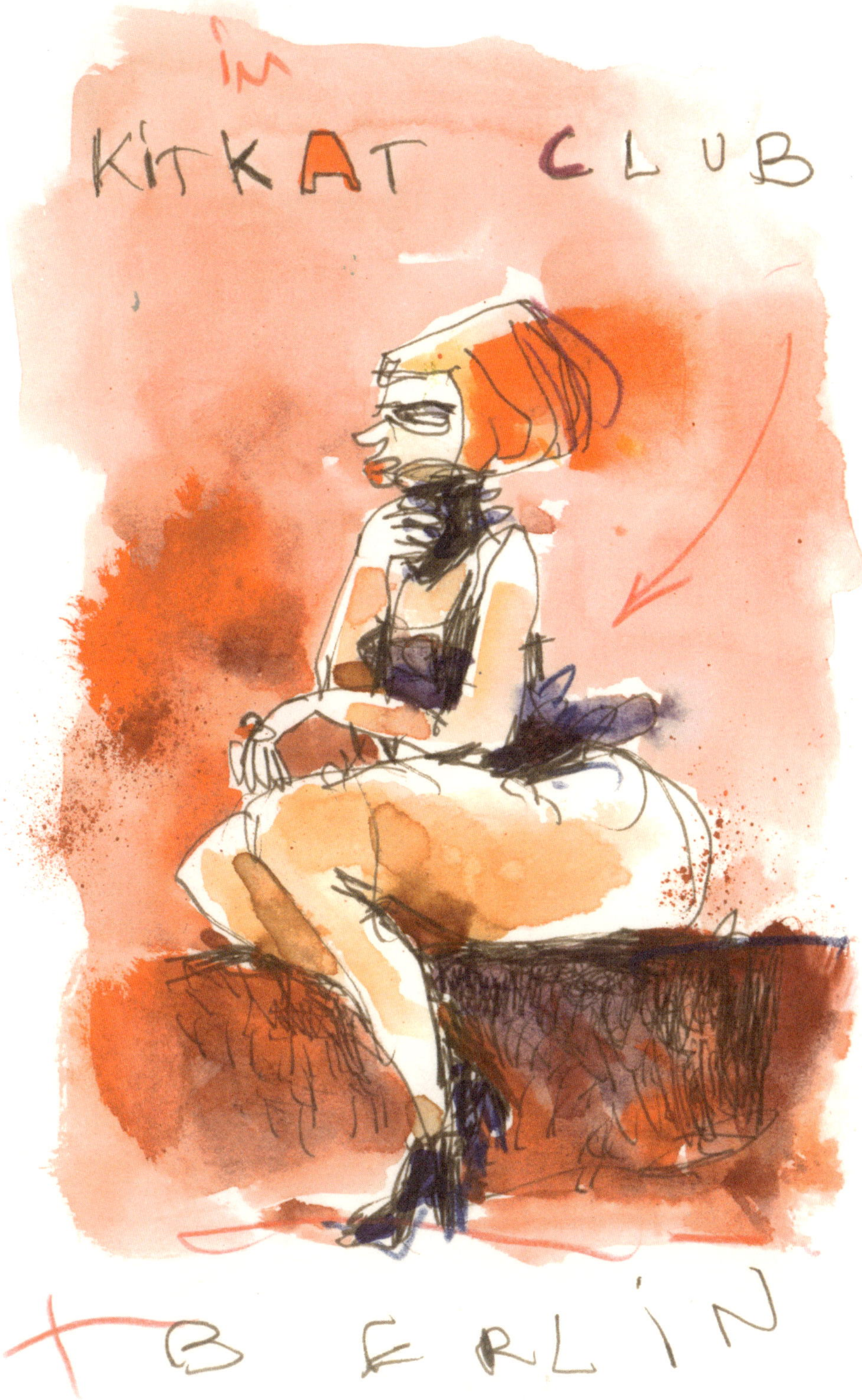

im
KitKAT CLUB
BERLIN

roo
ms/
räu
me

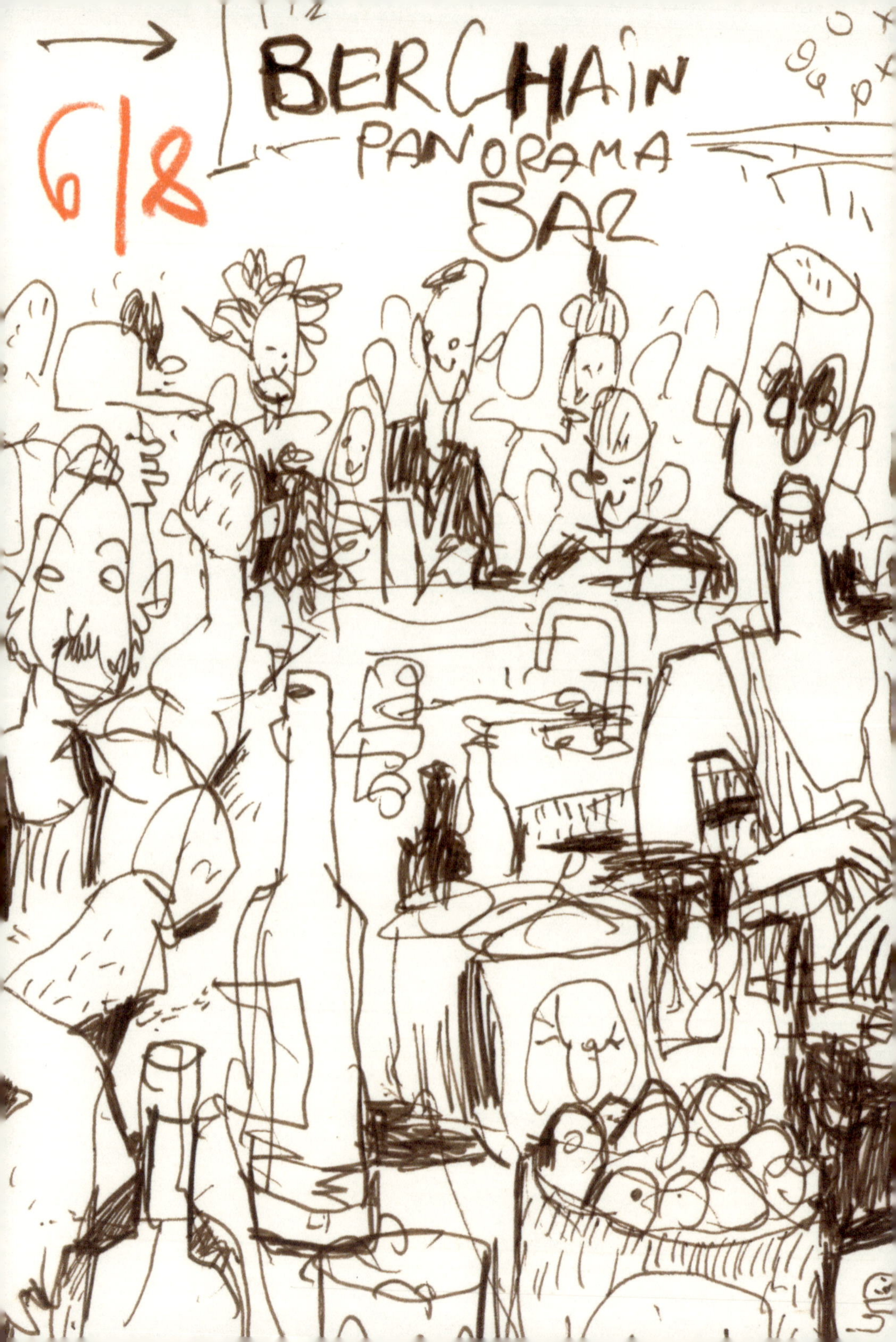

6|8
BERCHAIN
PANORAMA
BAR

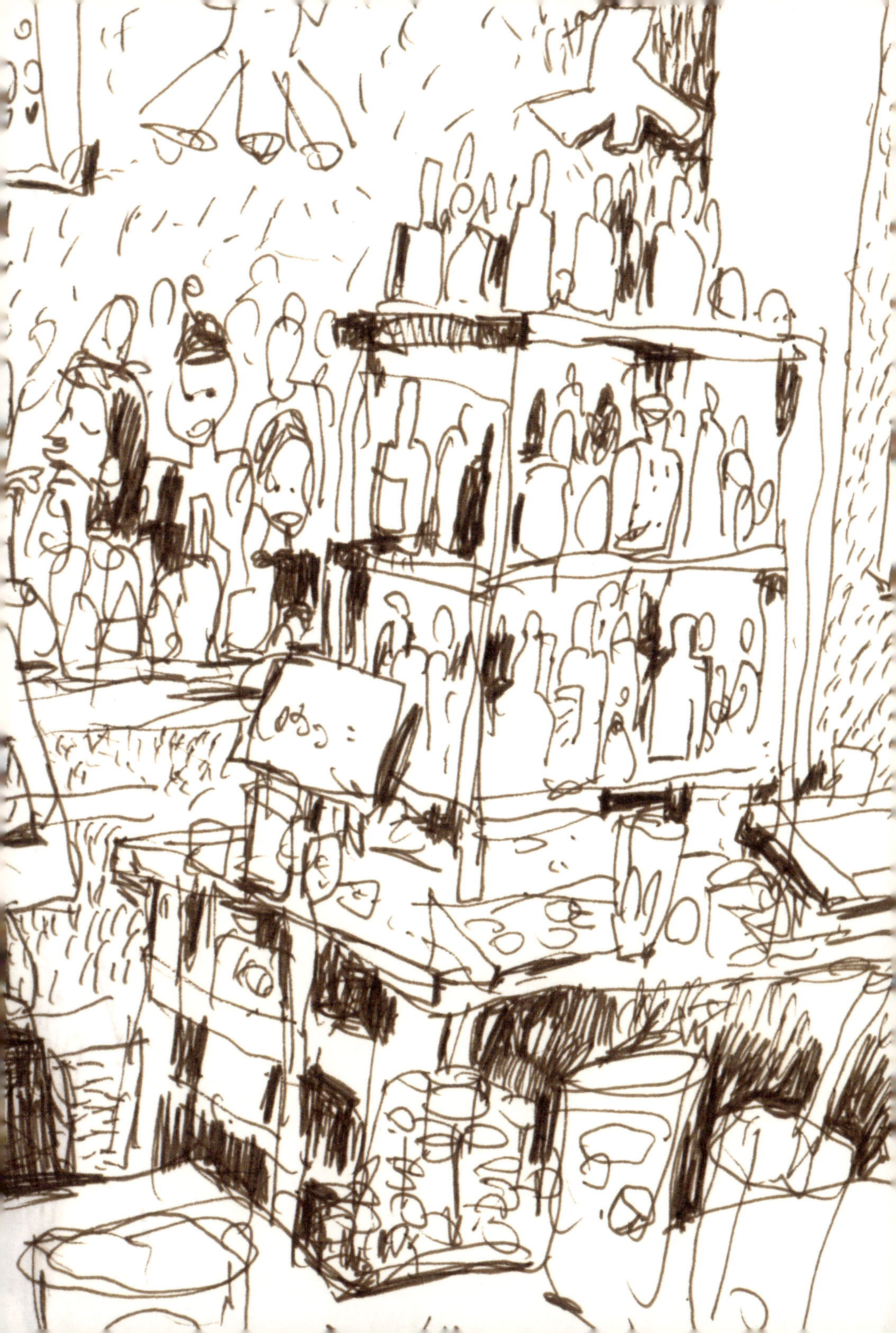

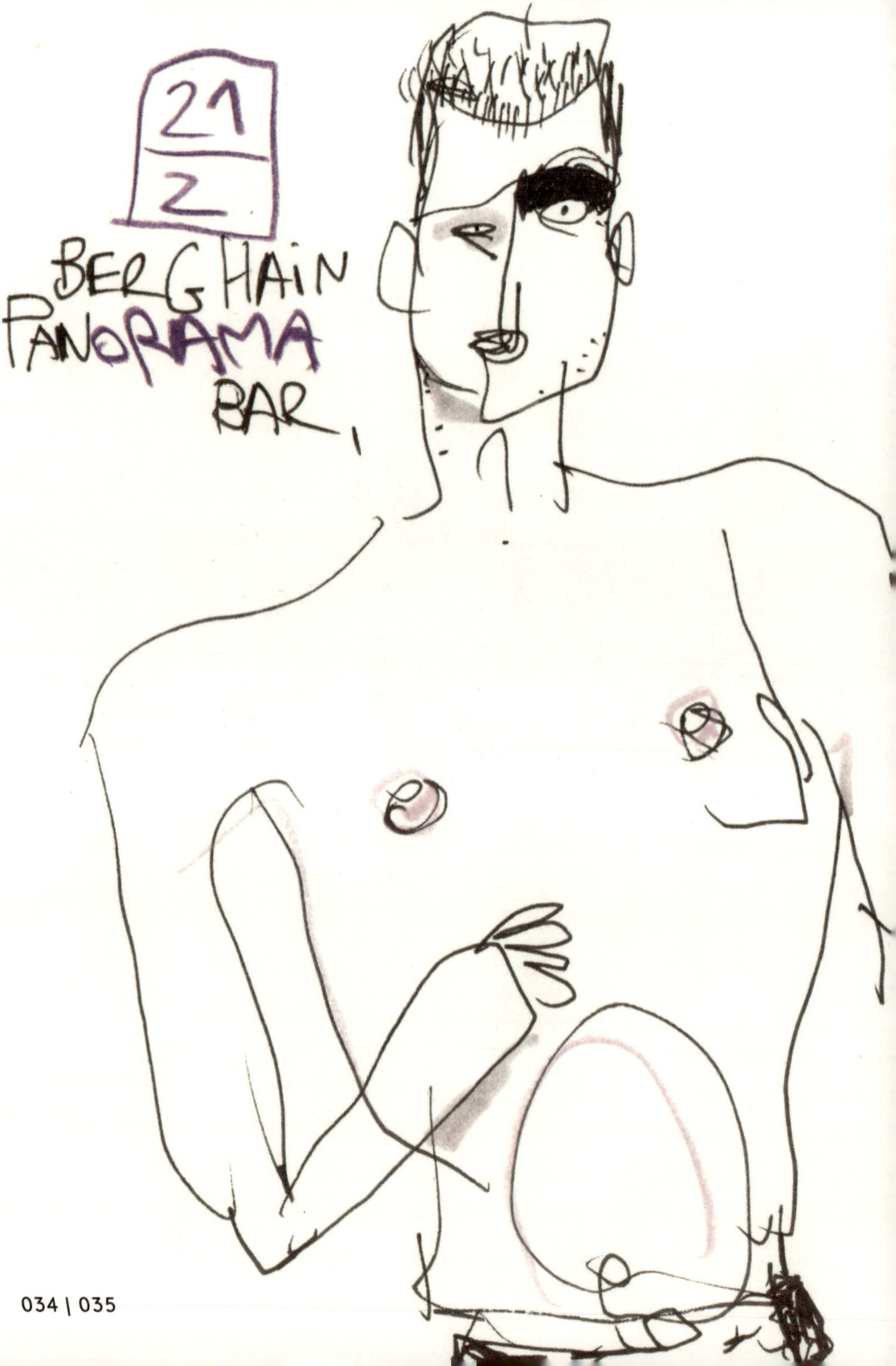
21
2
BERGHAIN
PANORAMA
BAR

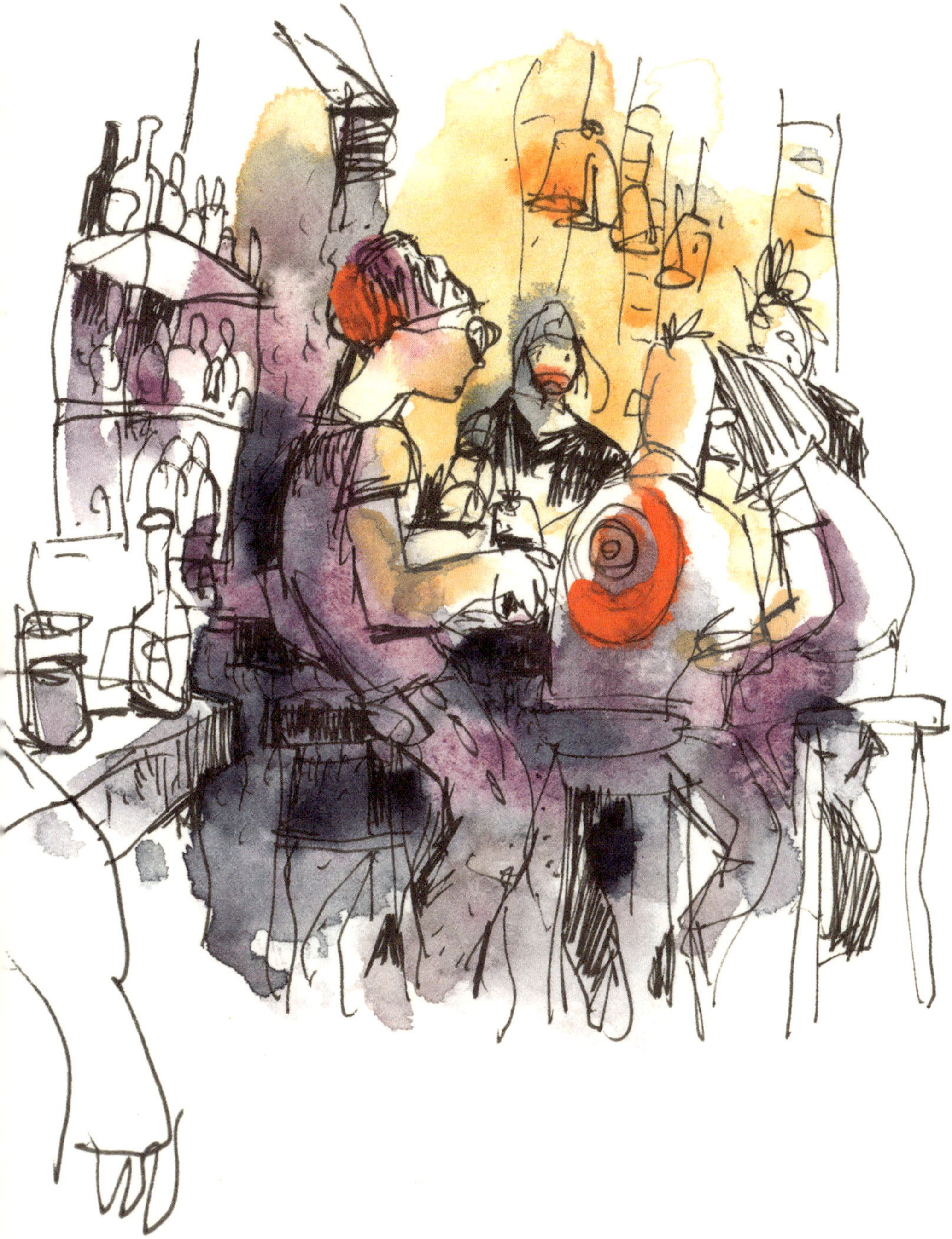

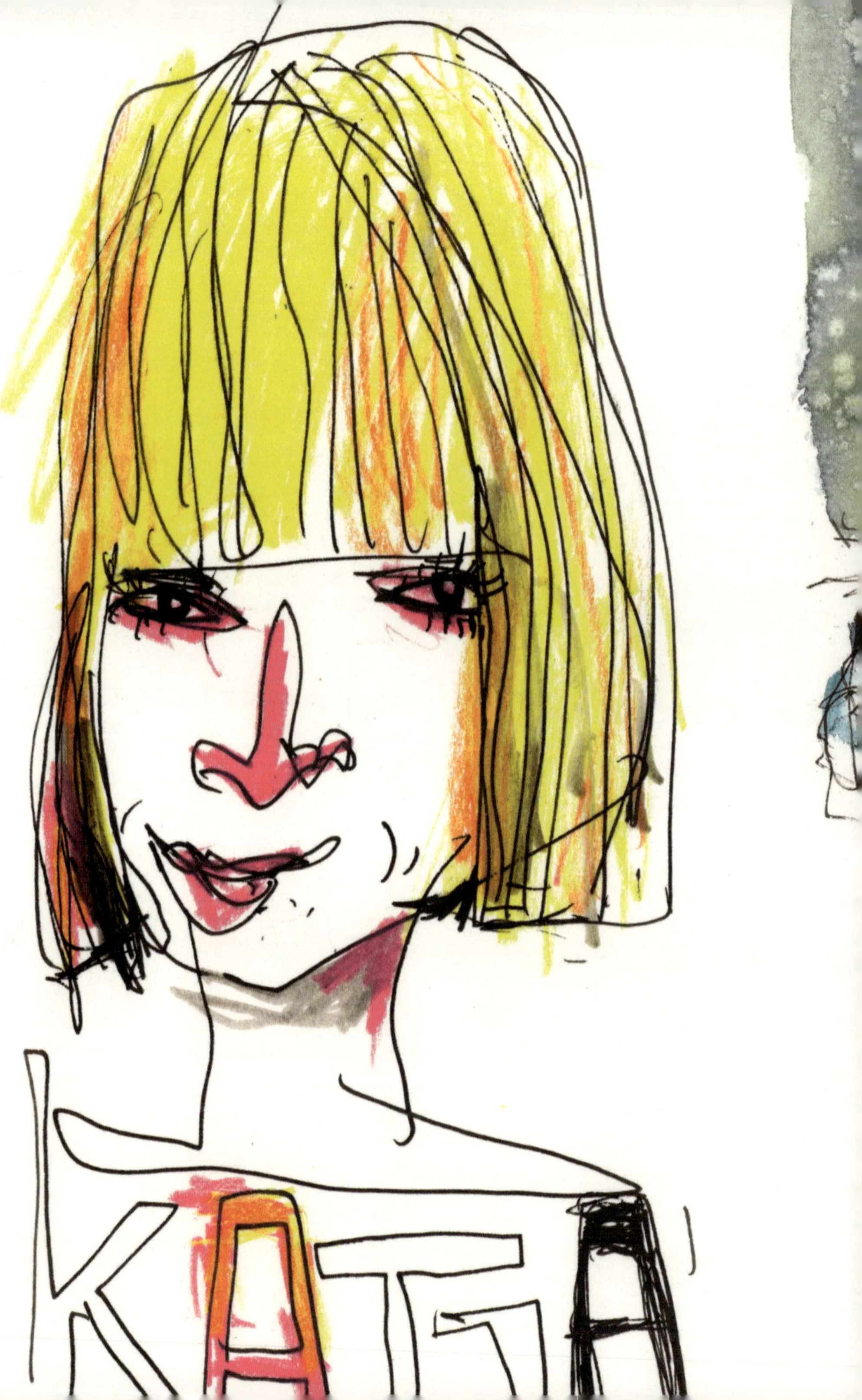

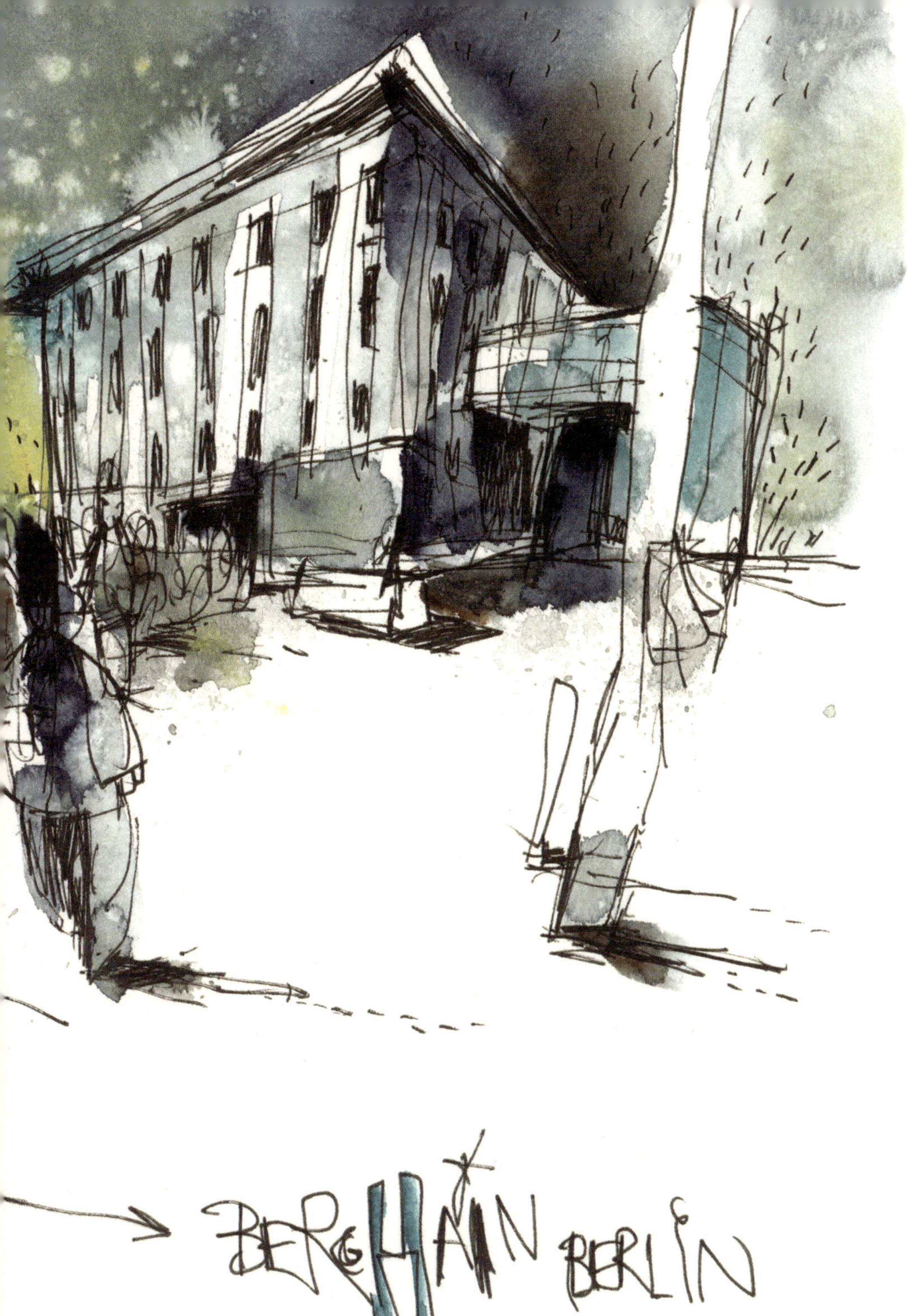
BERGHAIN BERLIN

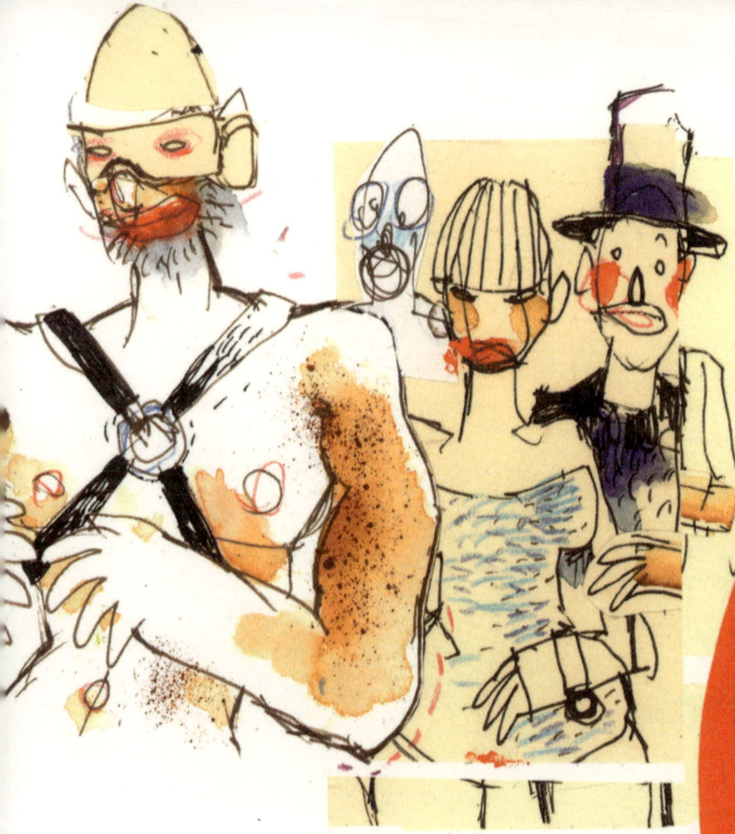
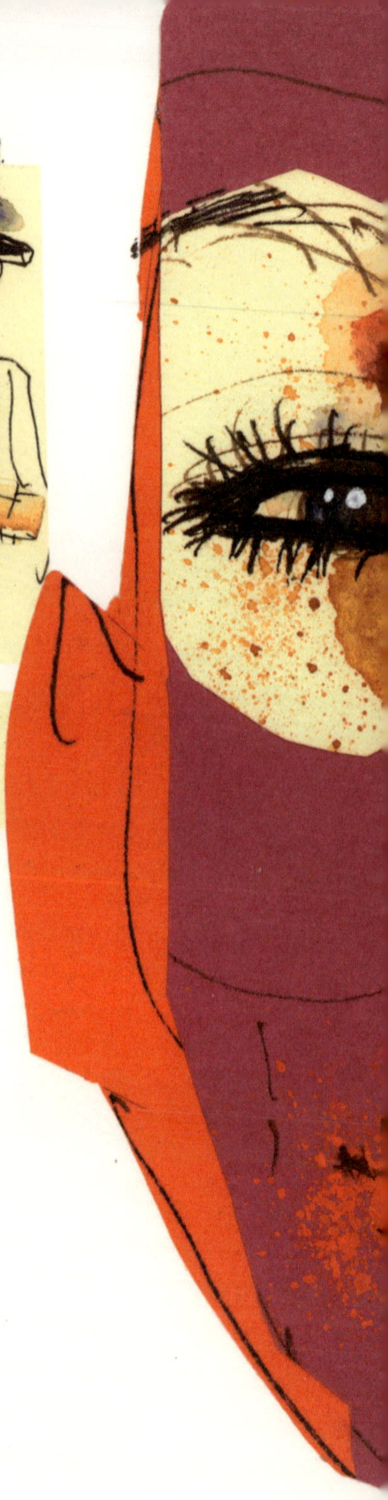

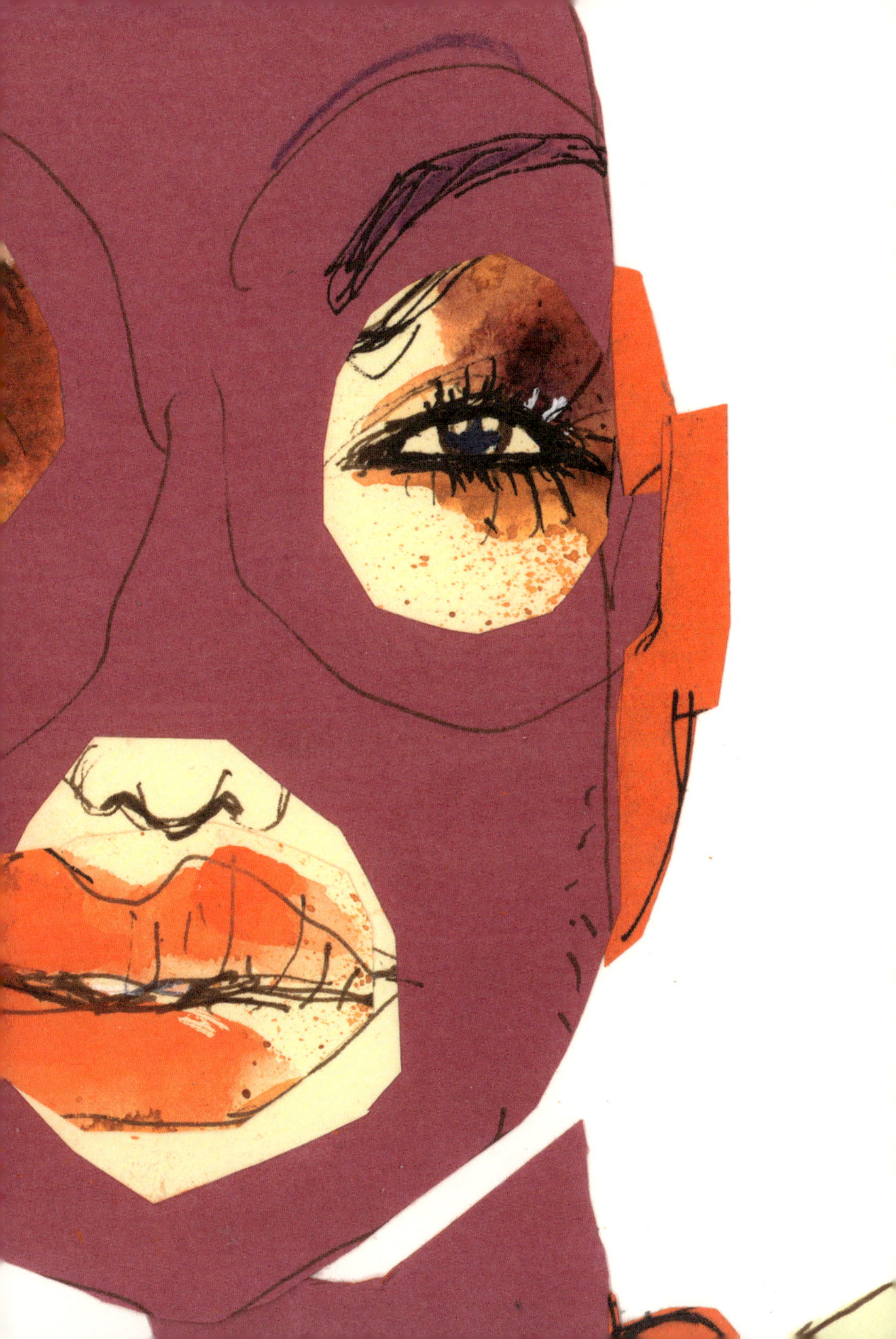

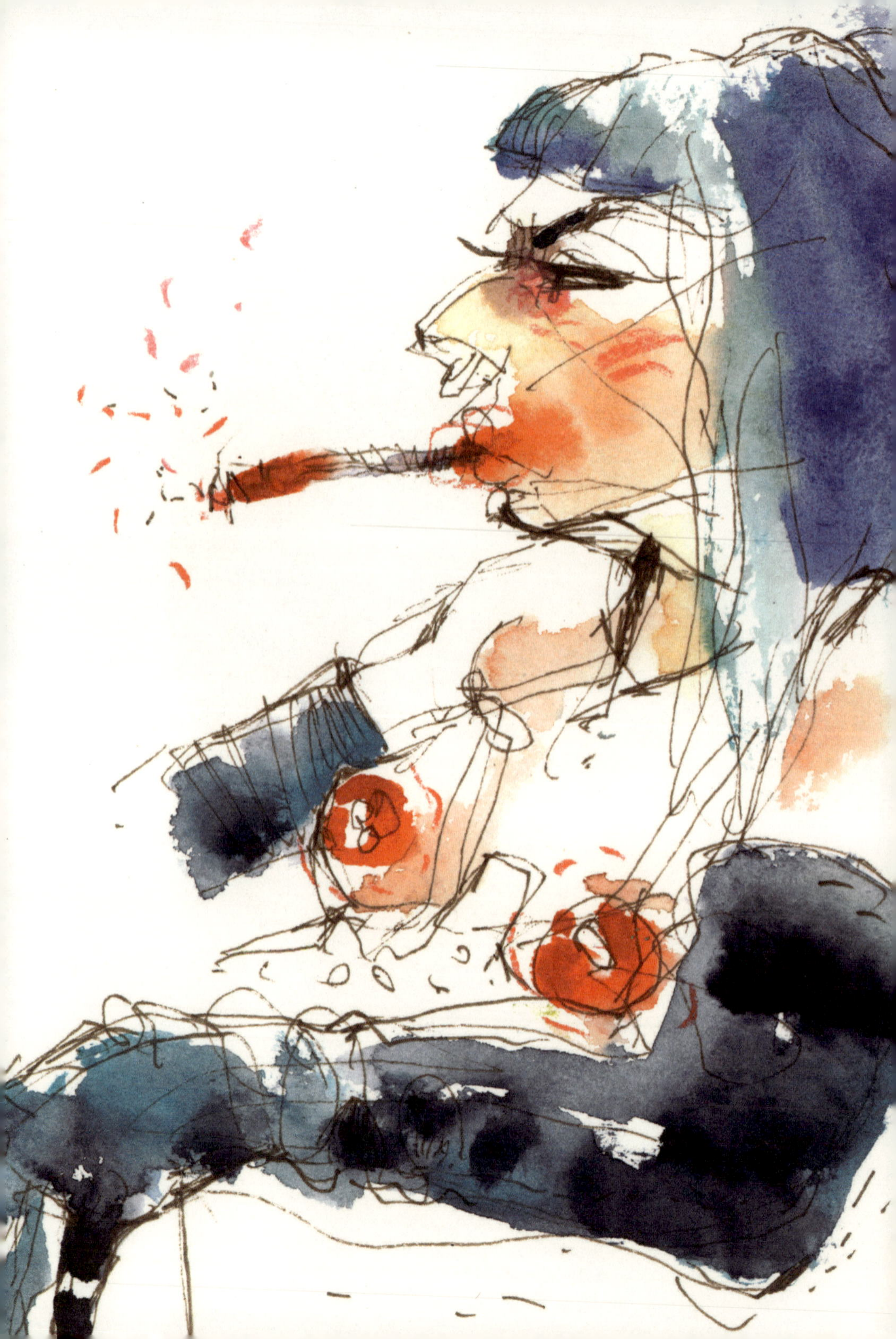

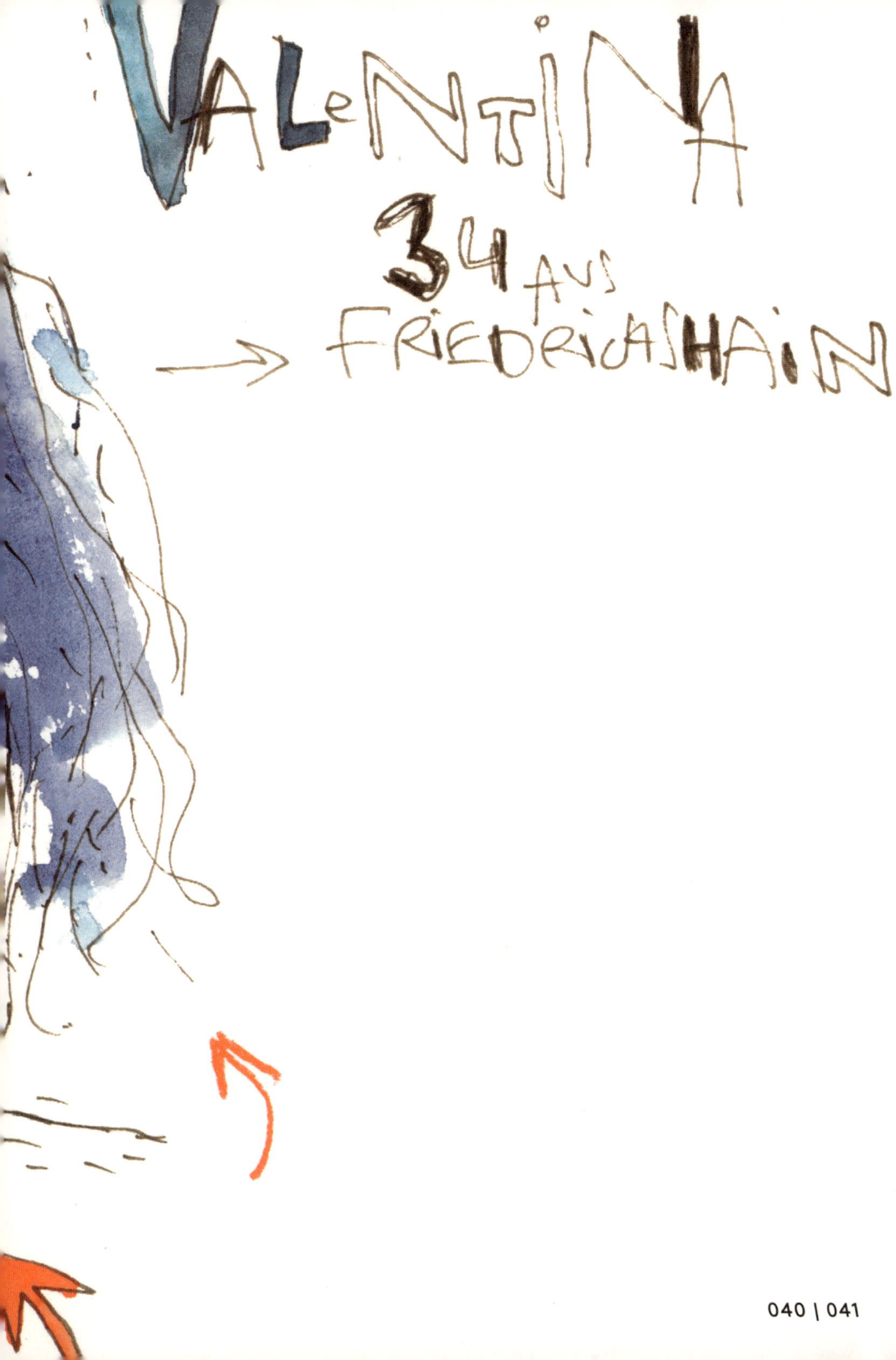
VALENTINA
34 AUS
FRIEDRICHSHAIN

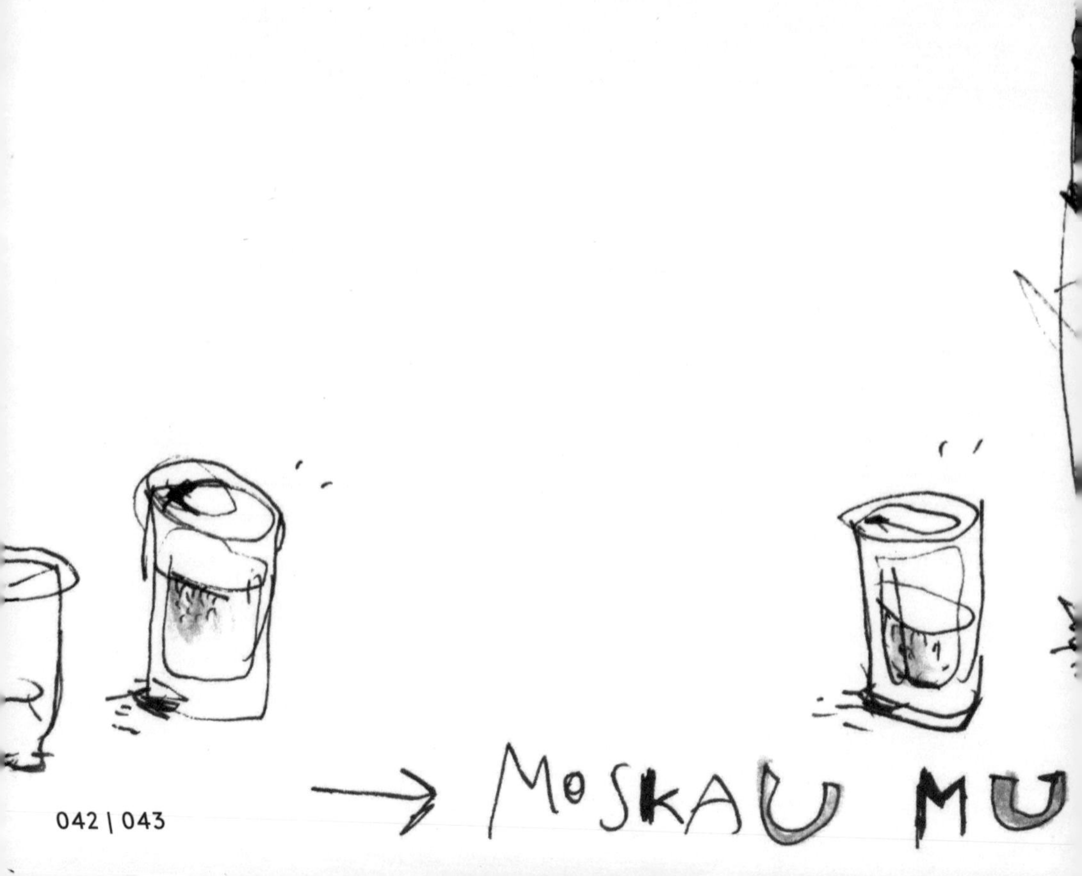
→ MOSKAU MU

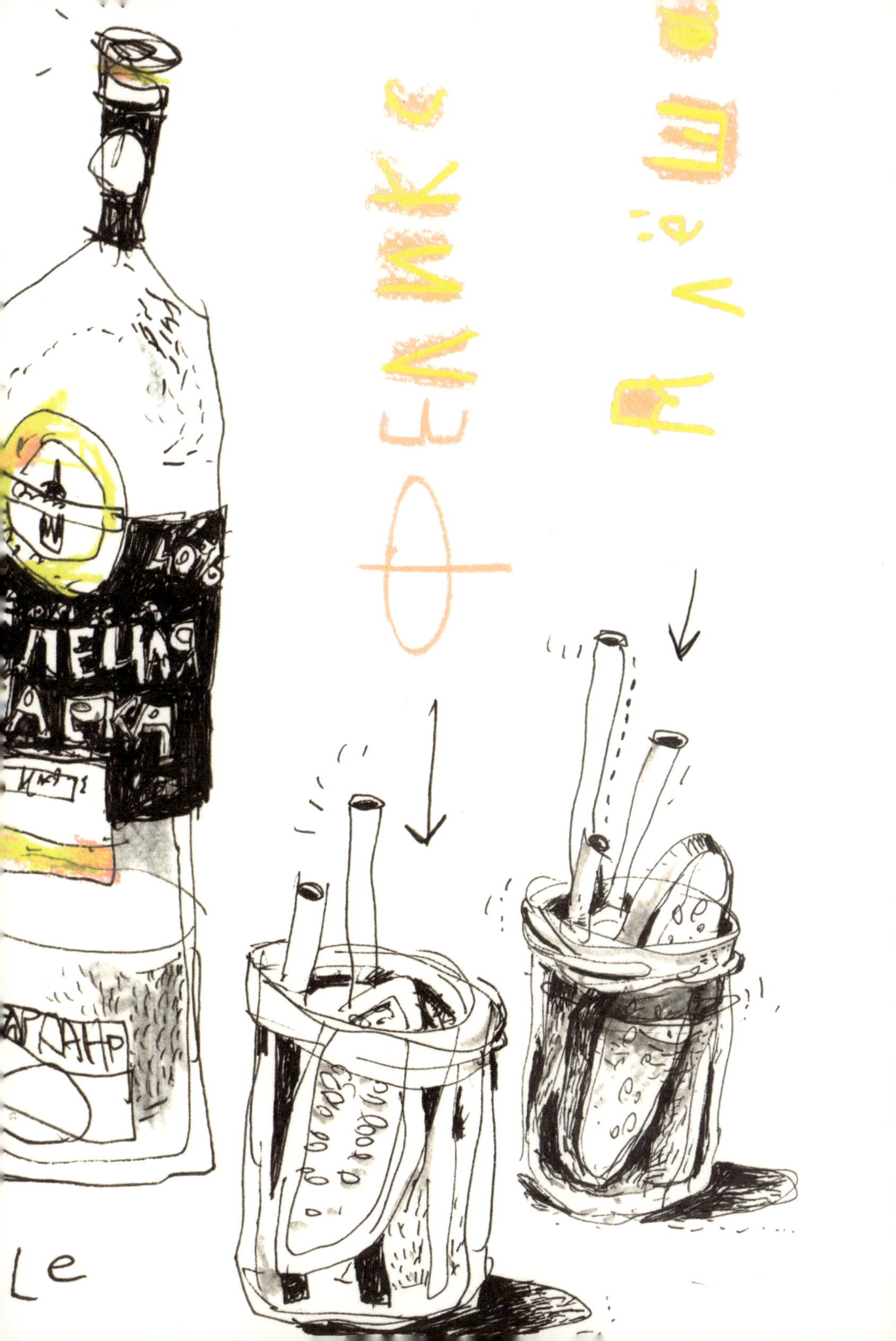
Феликс
Алёша
40%
Le

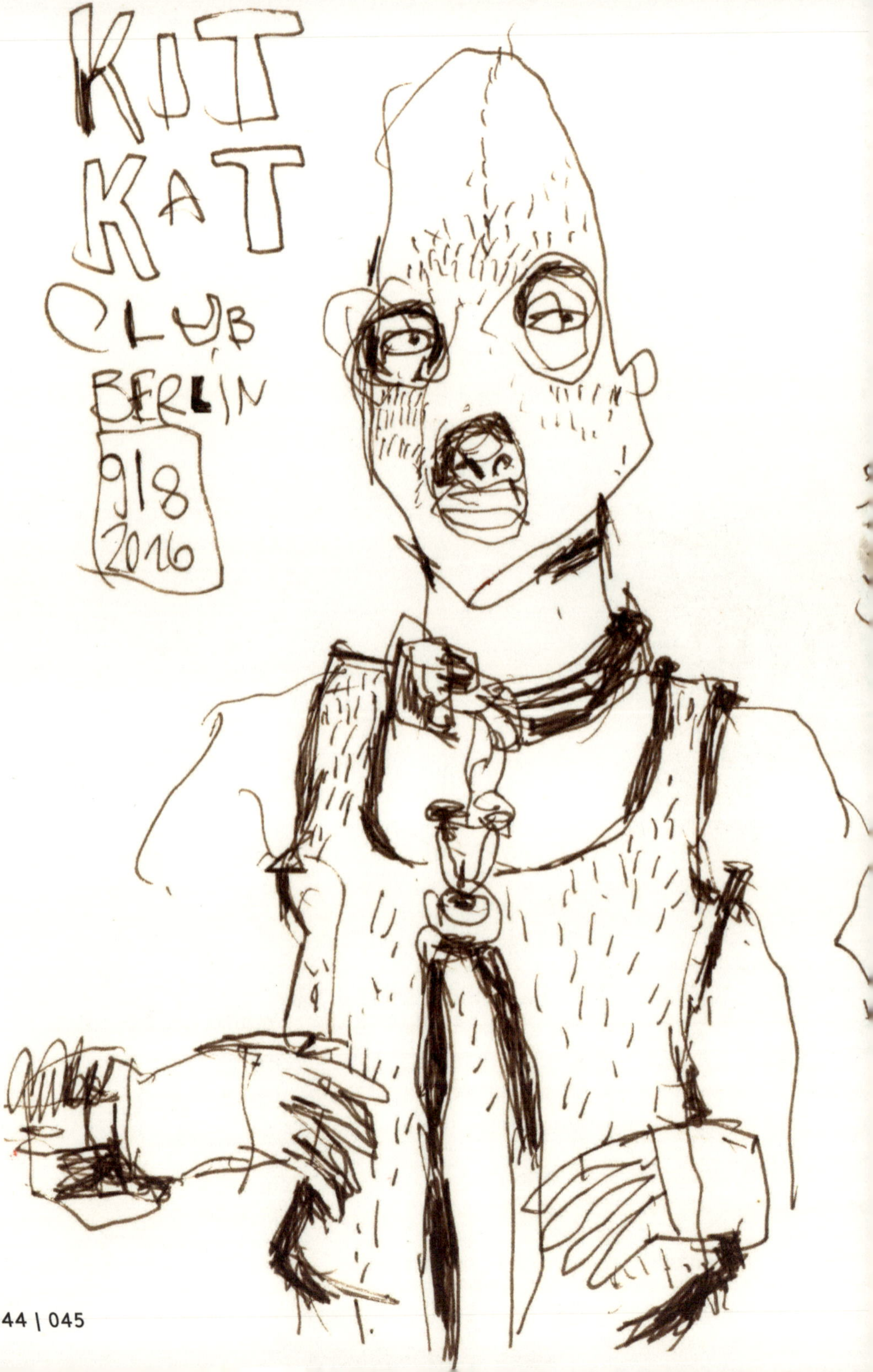
KIT
KAT
CLUB
BERLIN
9 | 8
2016

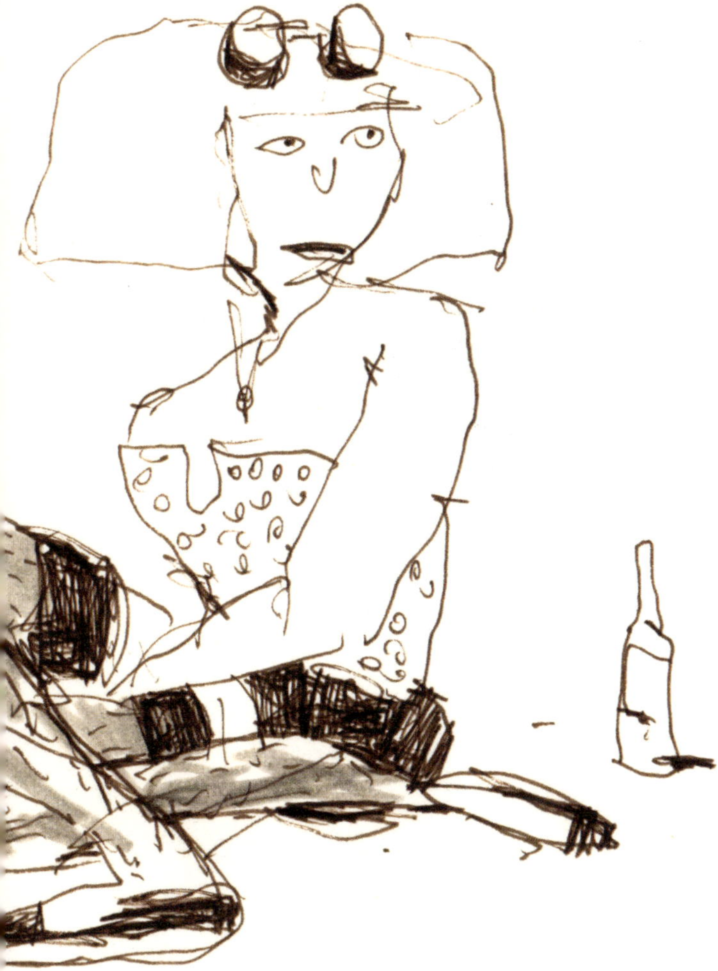

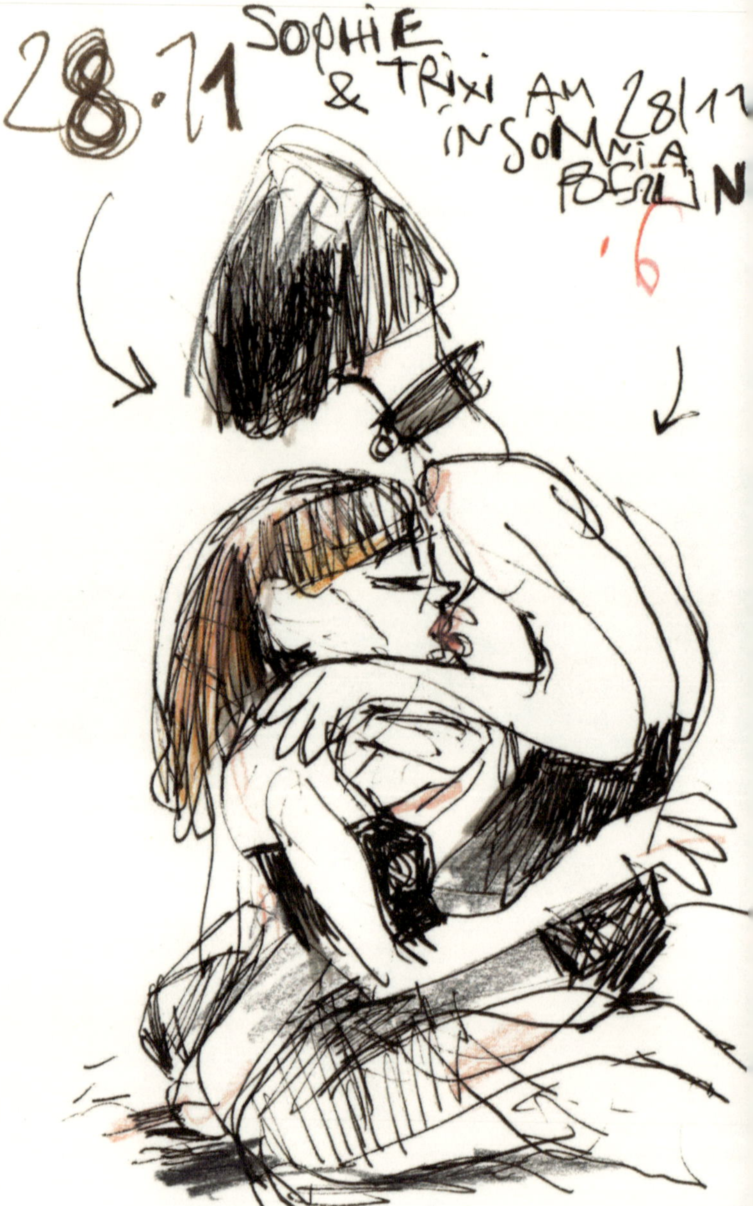
28.11
SOPHIE
& TRIXI AM 28/11
INSOMNIA
BERLIN

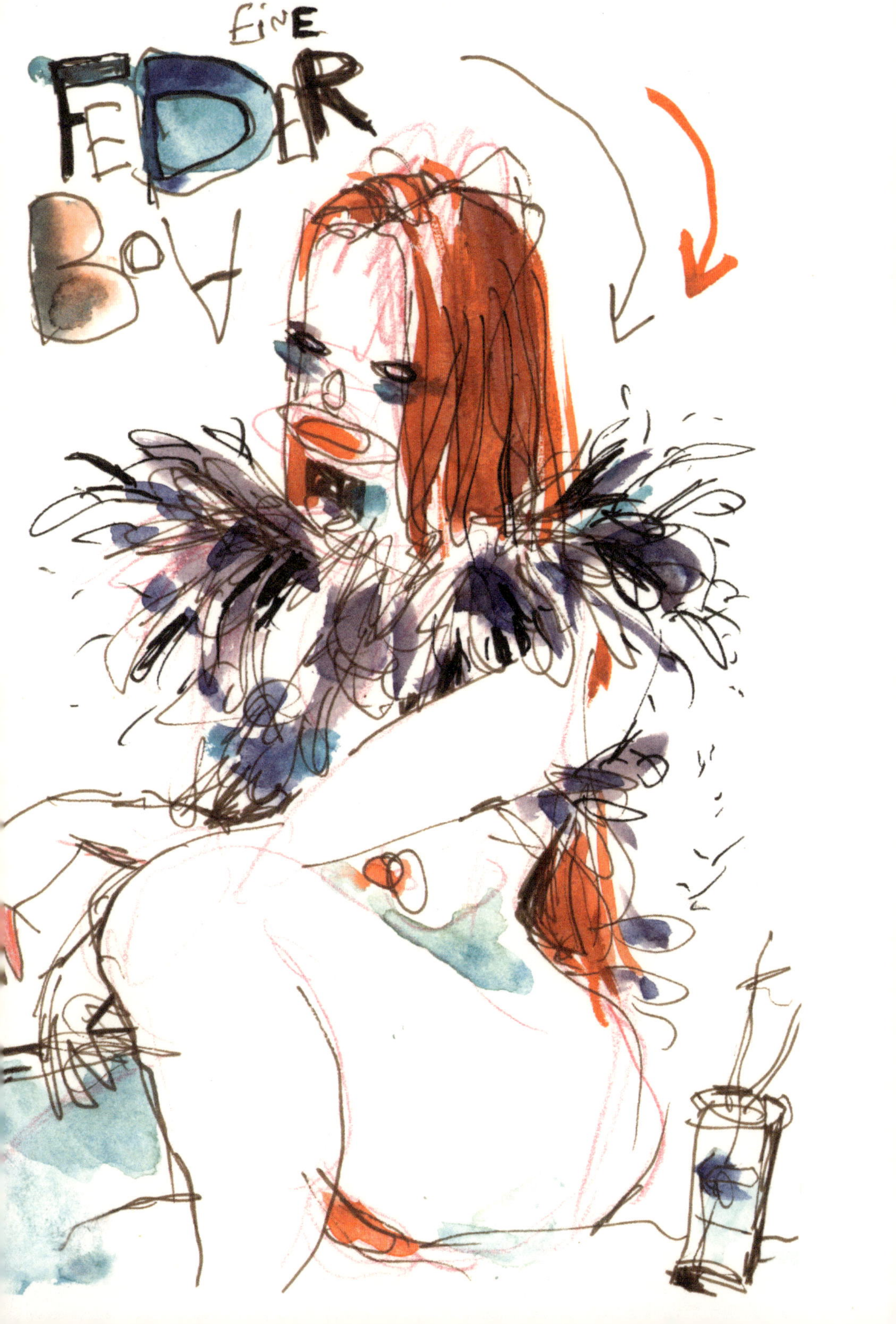
EINE
FEDER
BOA

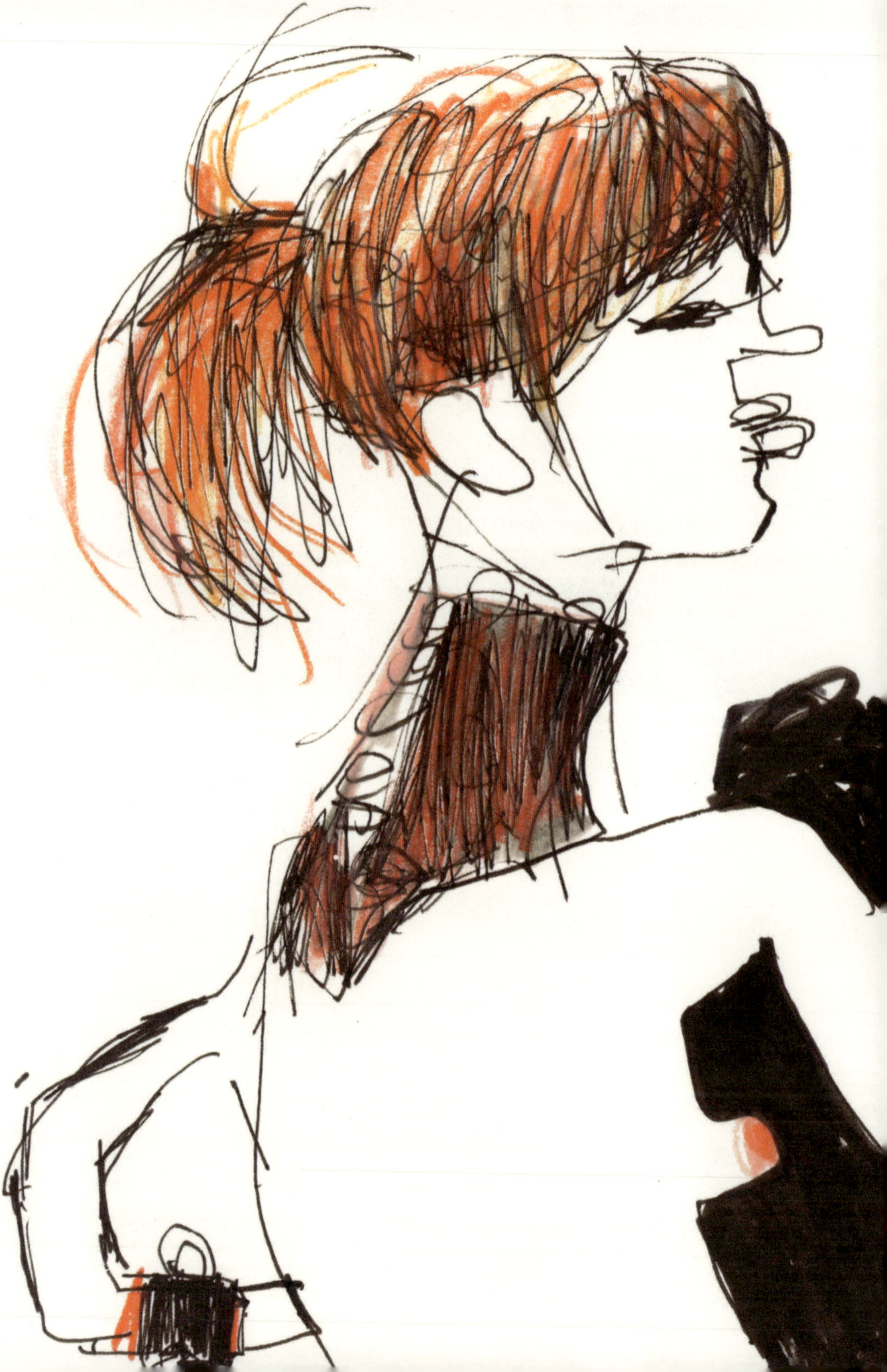

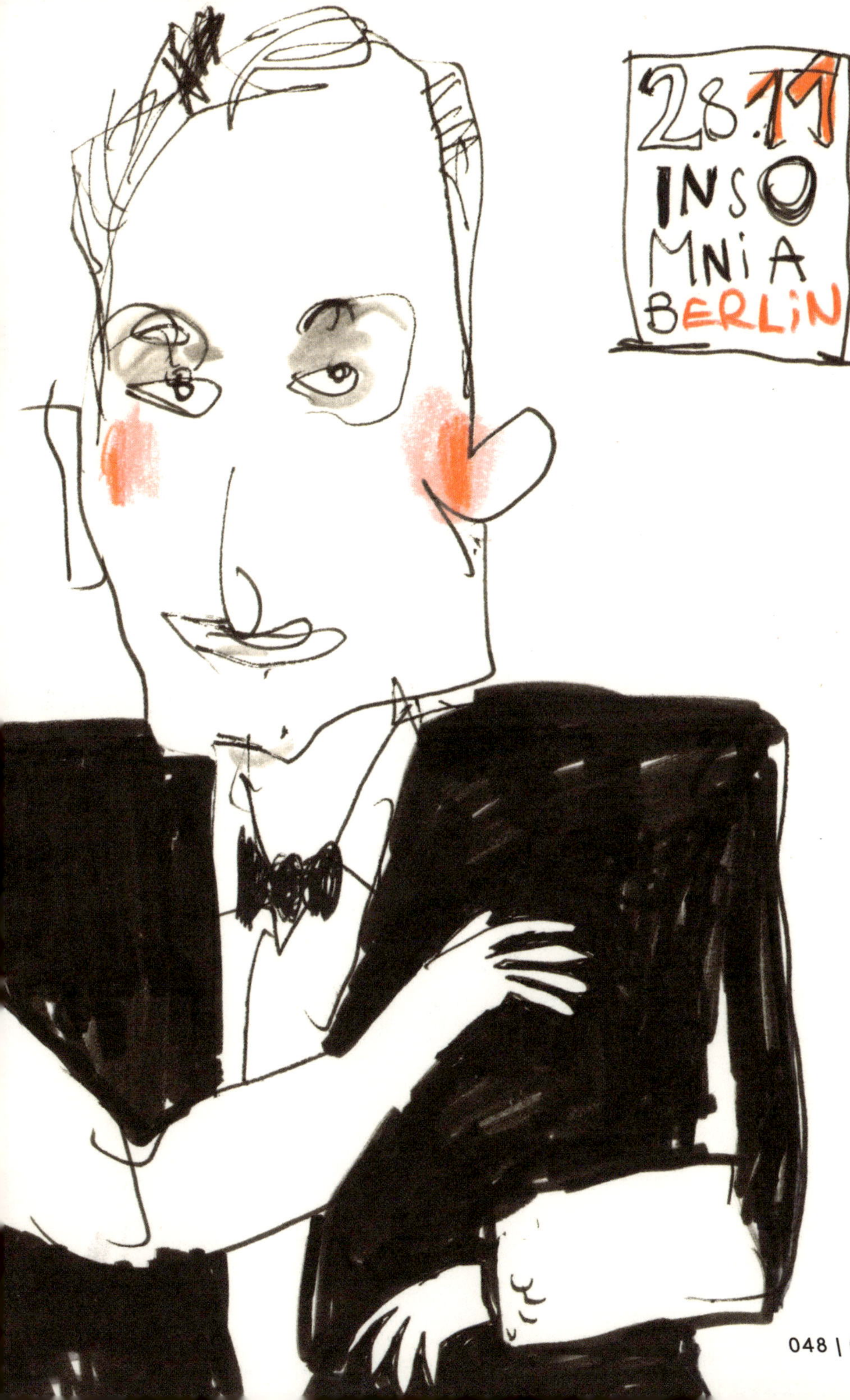
28.11
INSO
MNiA
BERLiN

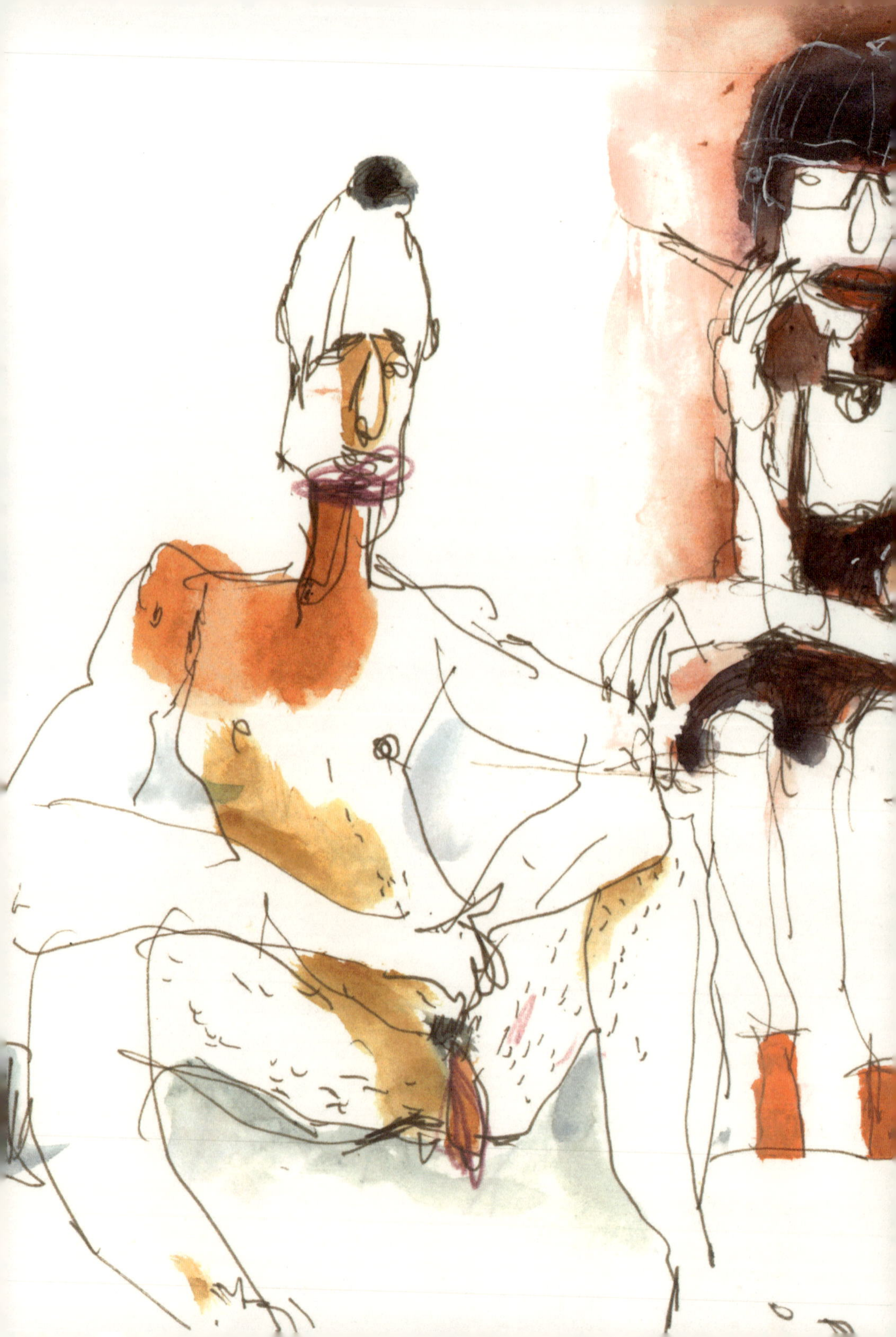

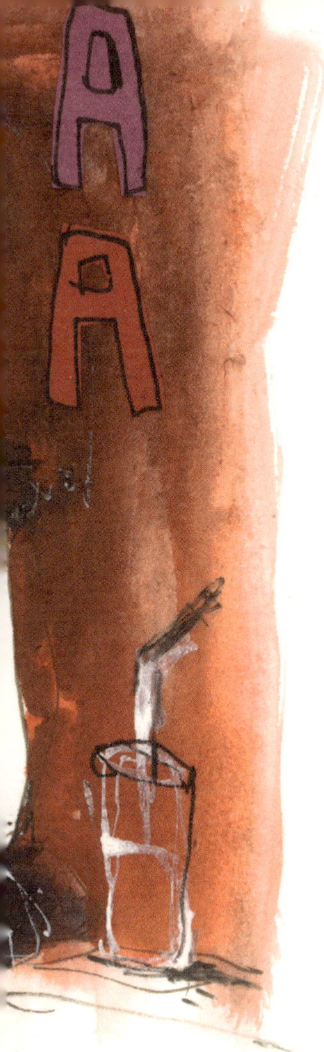

→ SWINGER II

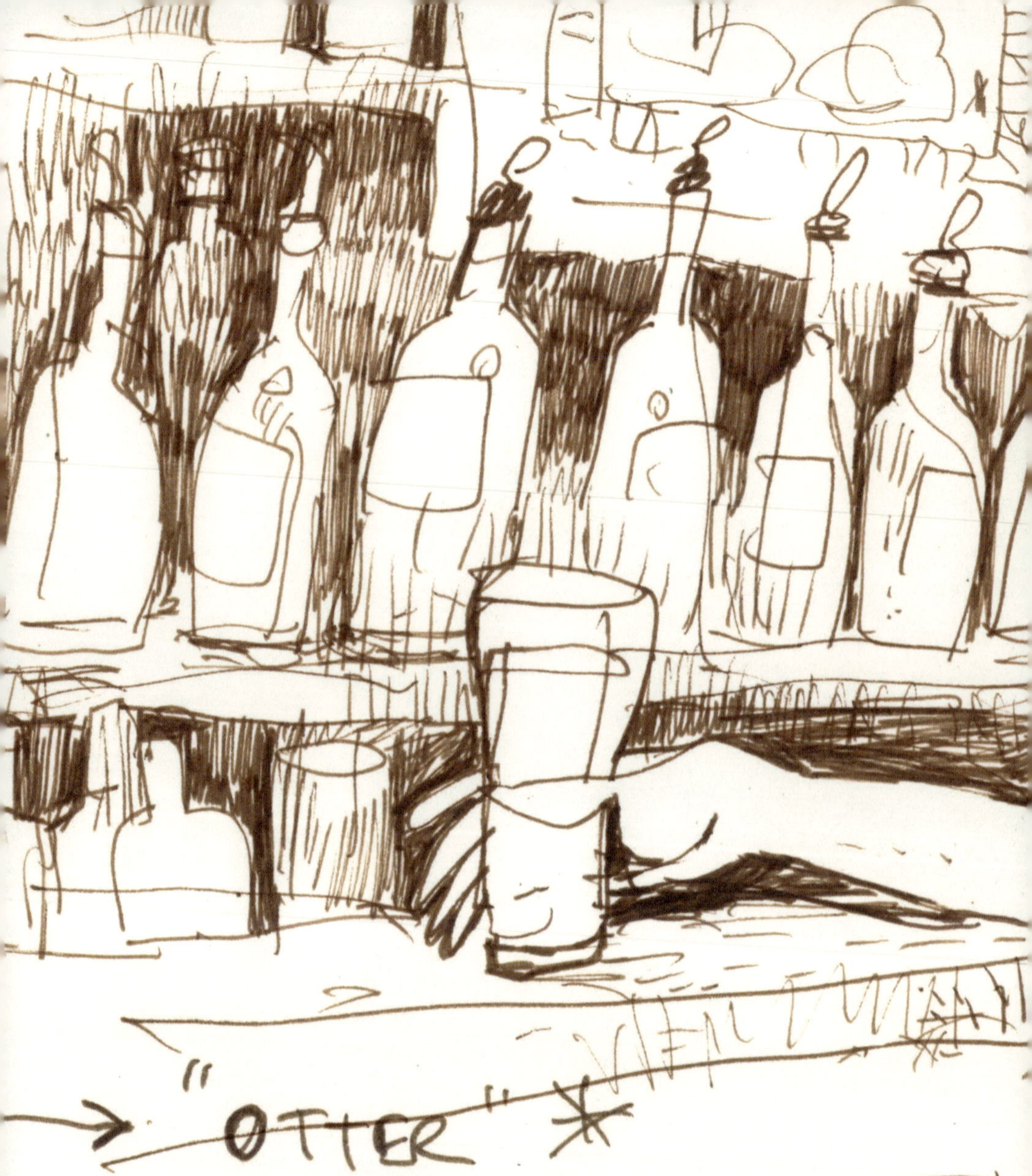

→ "OTTER" *

(* SPORTLICH & BEHAART
VS: "BÄR" = KRÄFTIG
+ BEHAART !)

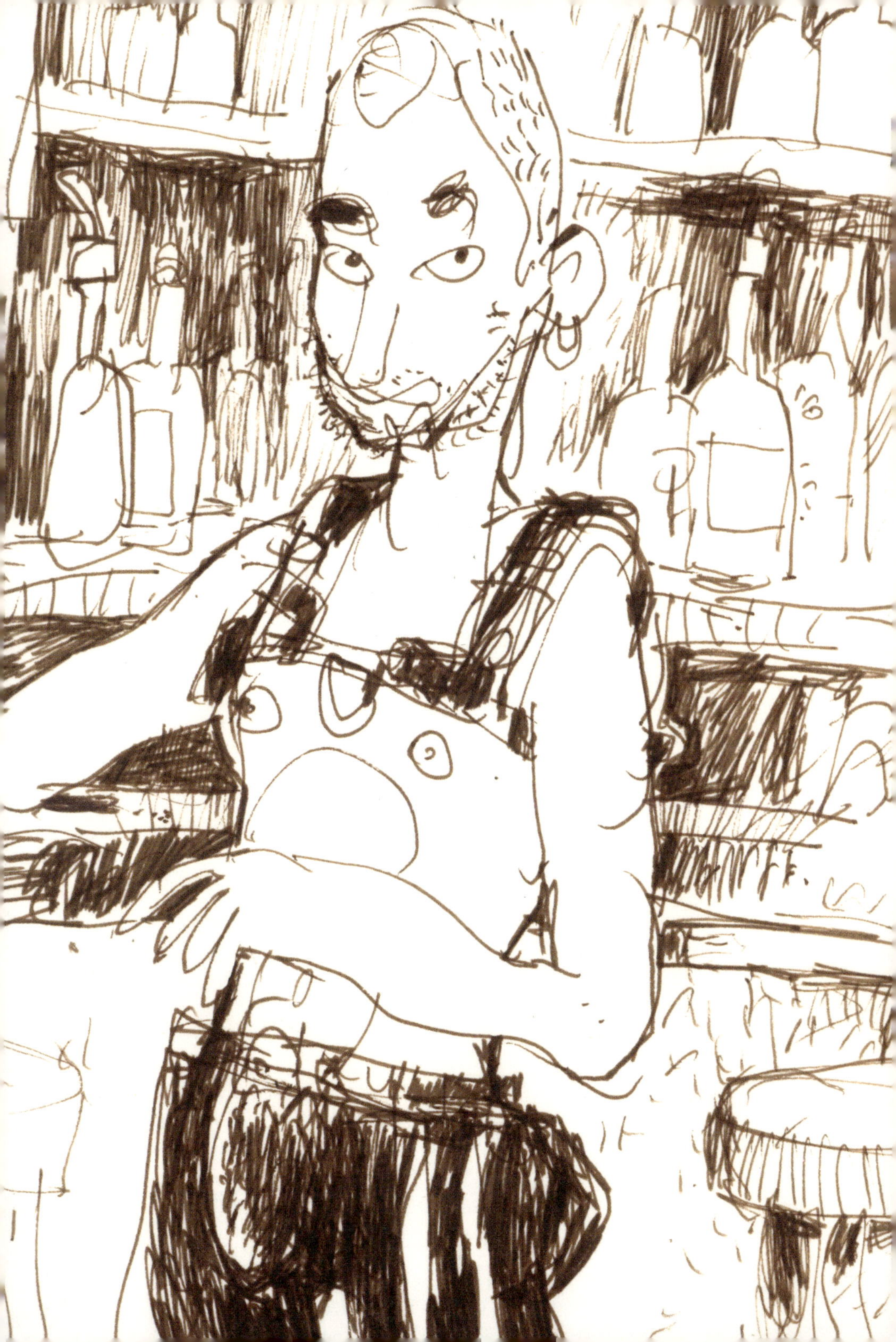

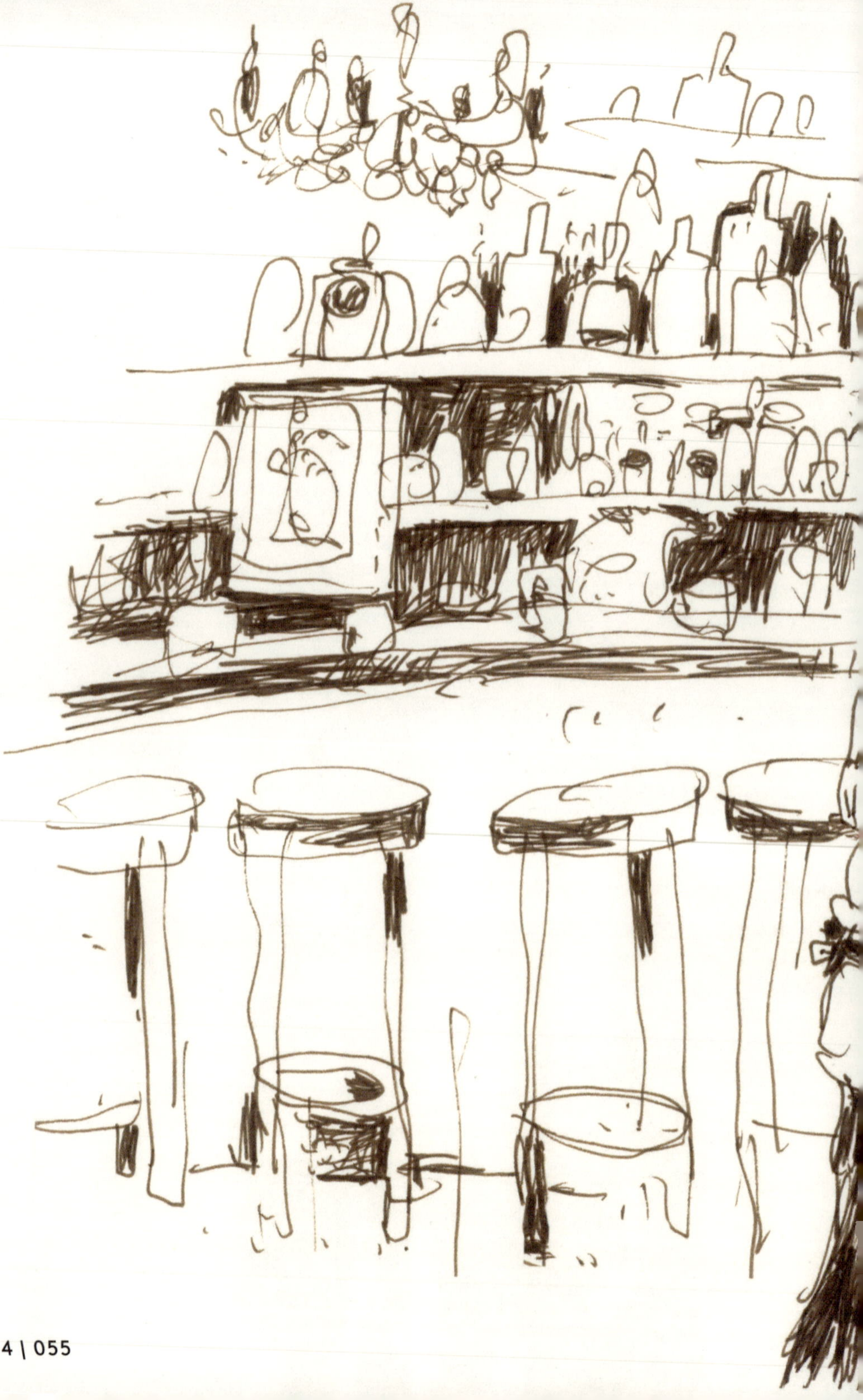

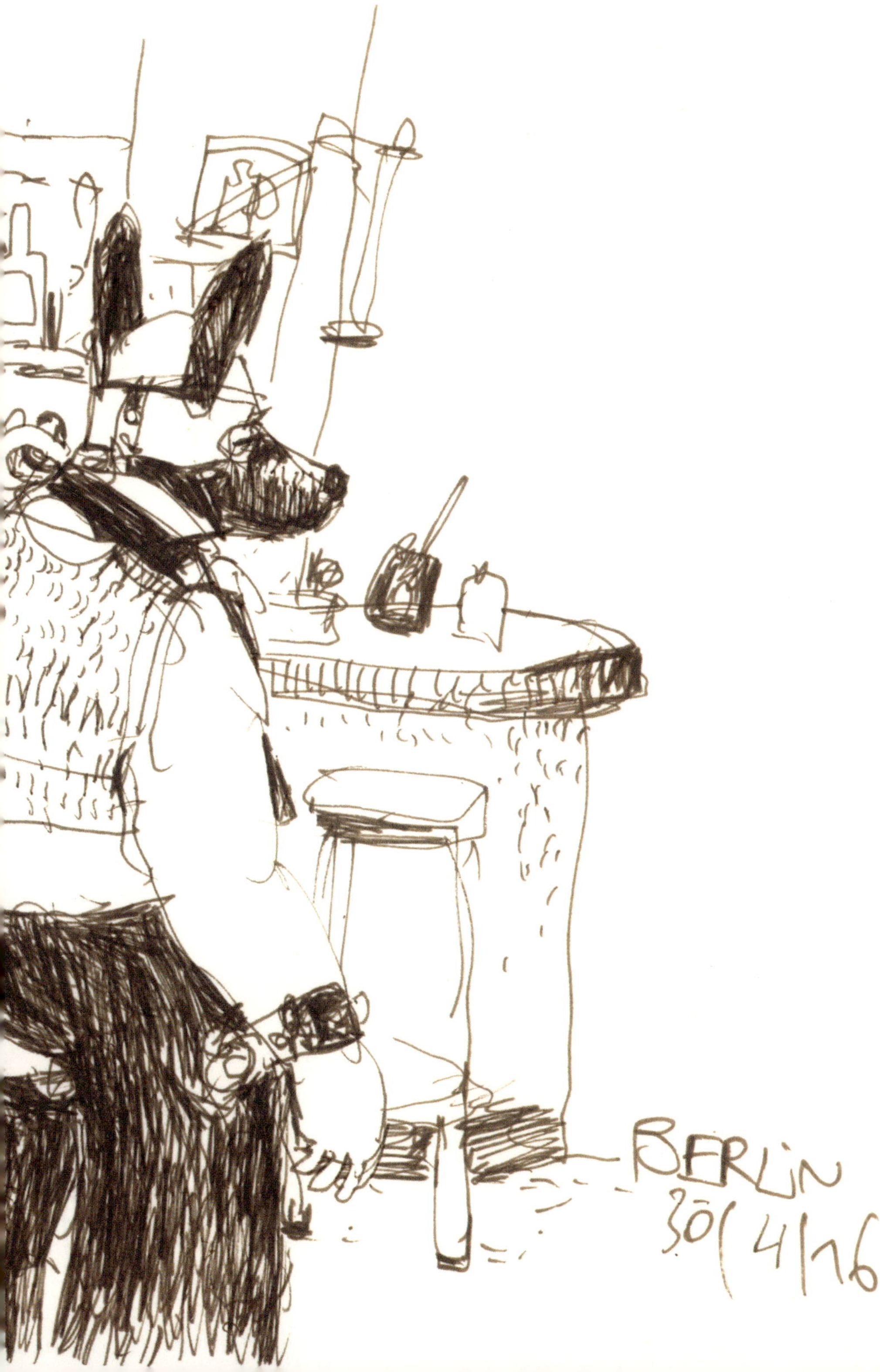
BERLIN
30/4/16

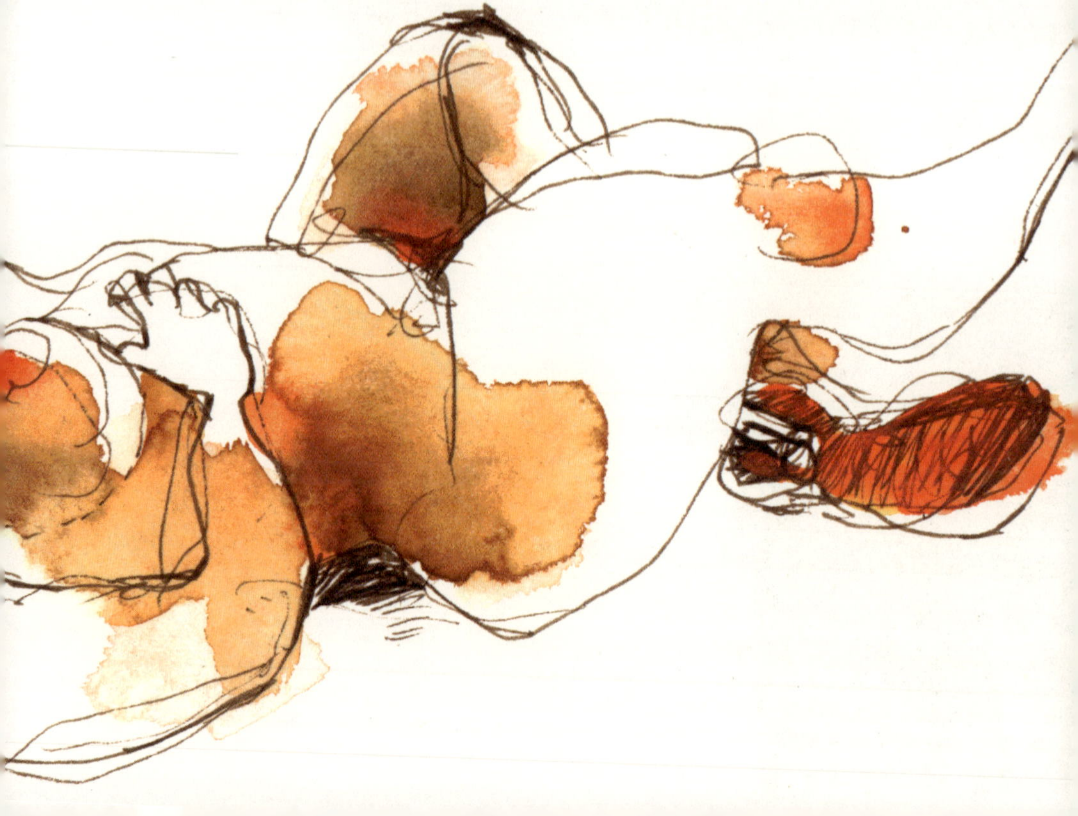

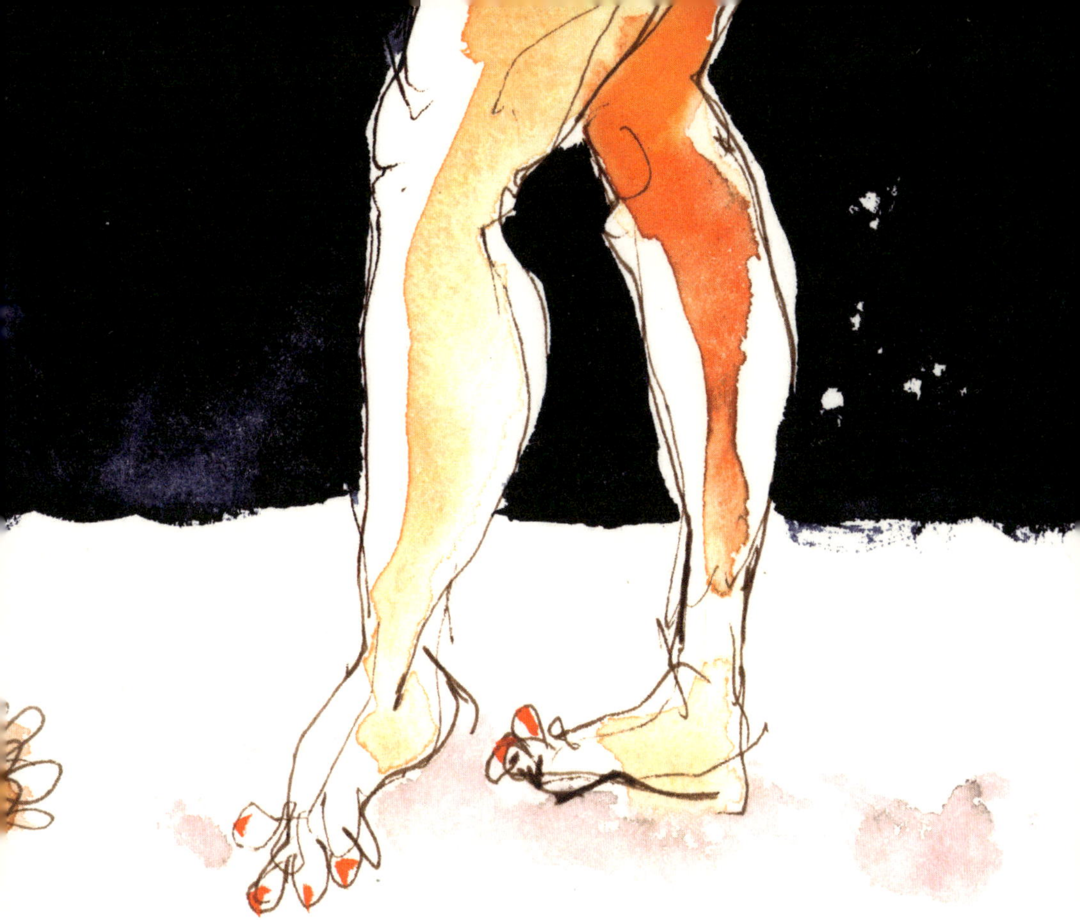

DARKROOM INSOMNIA
← (EMPORE)

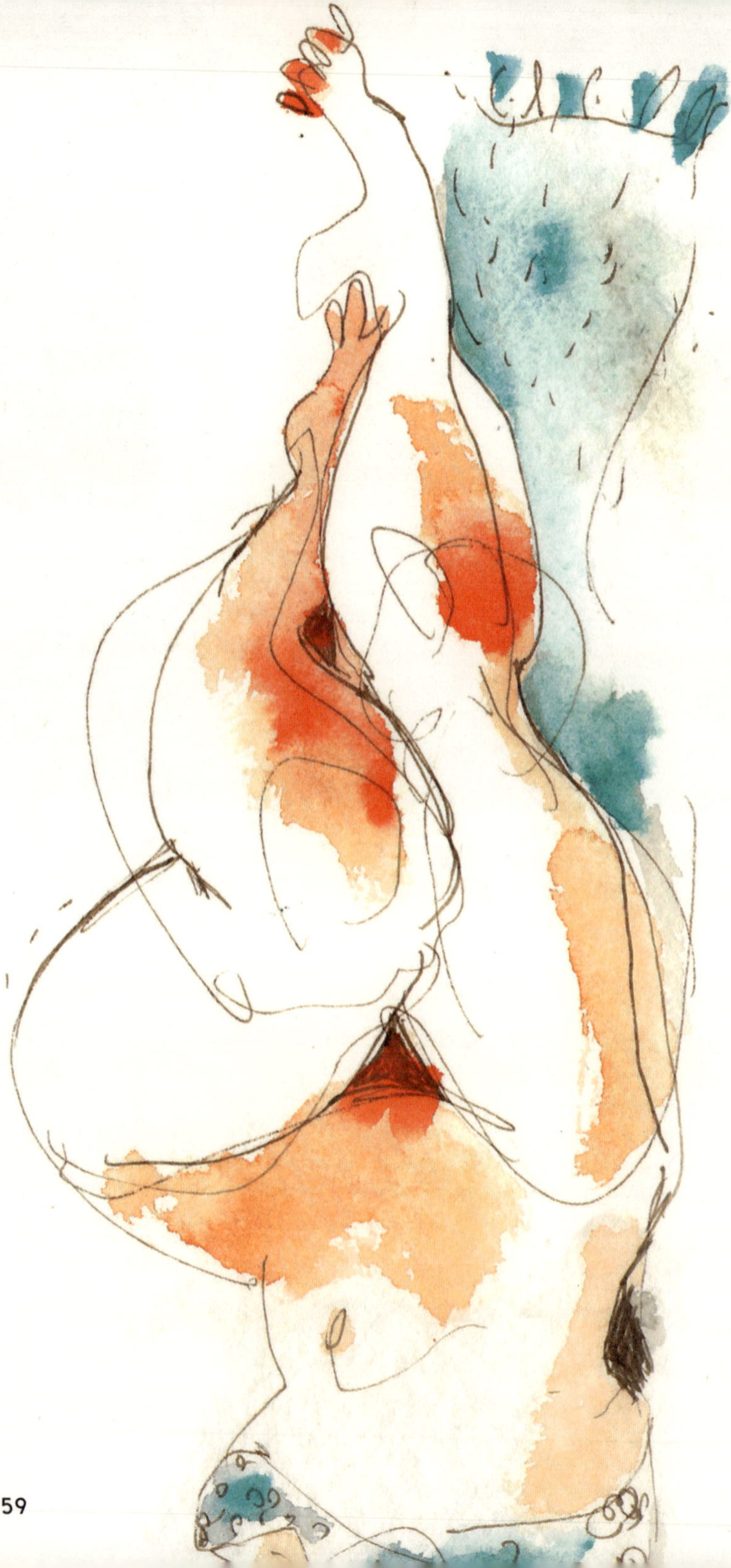

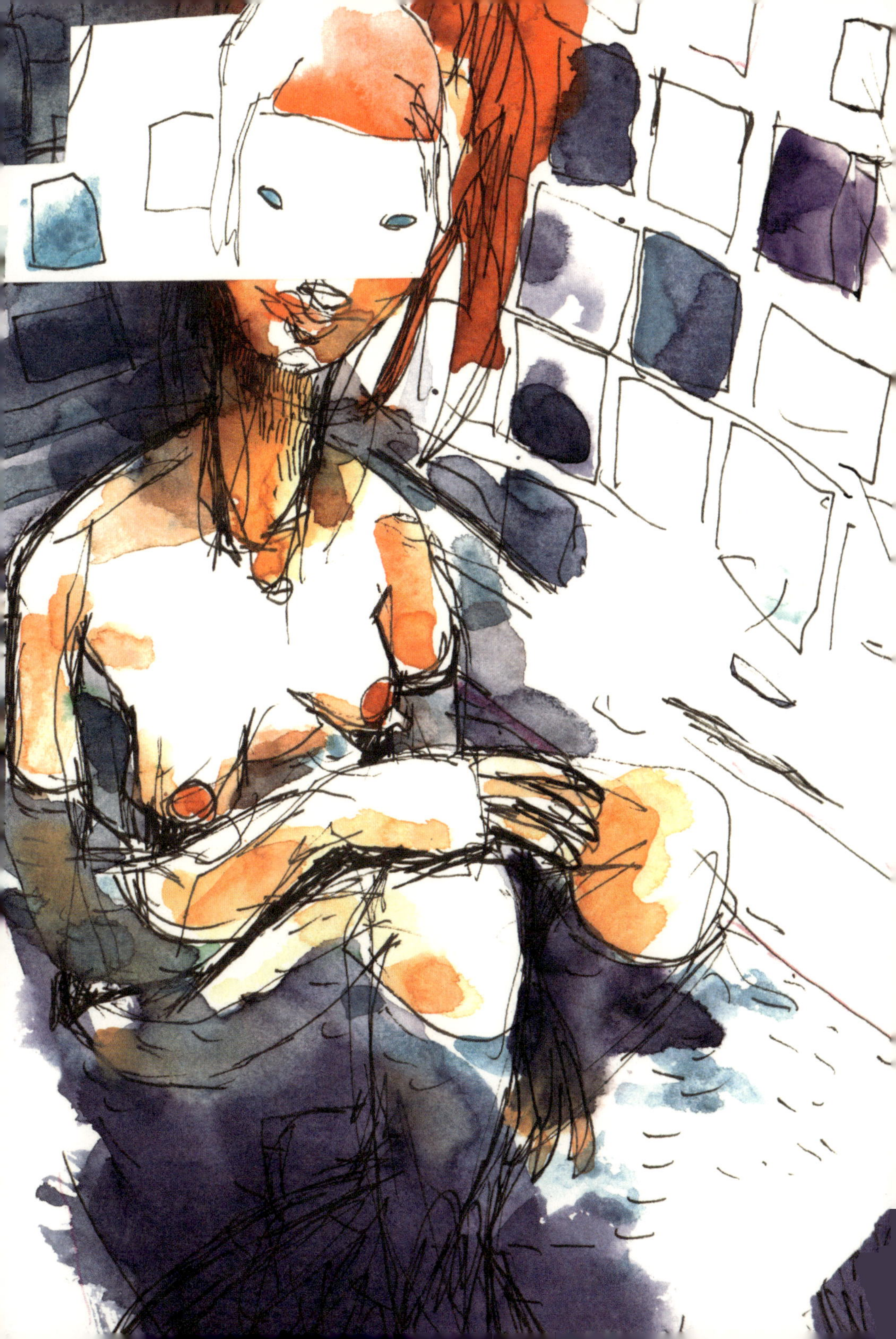

KitKAT

CLU

B

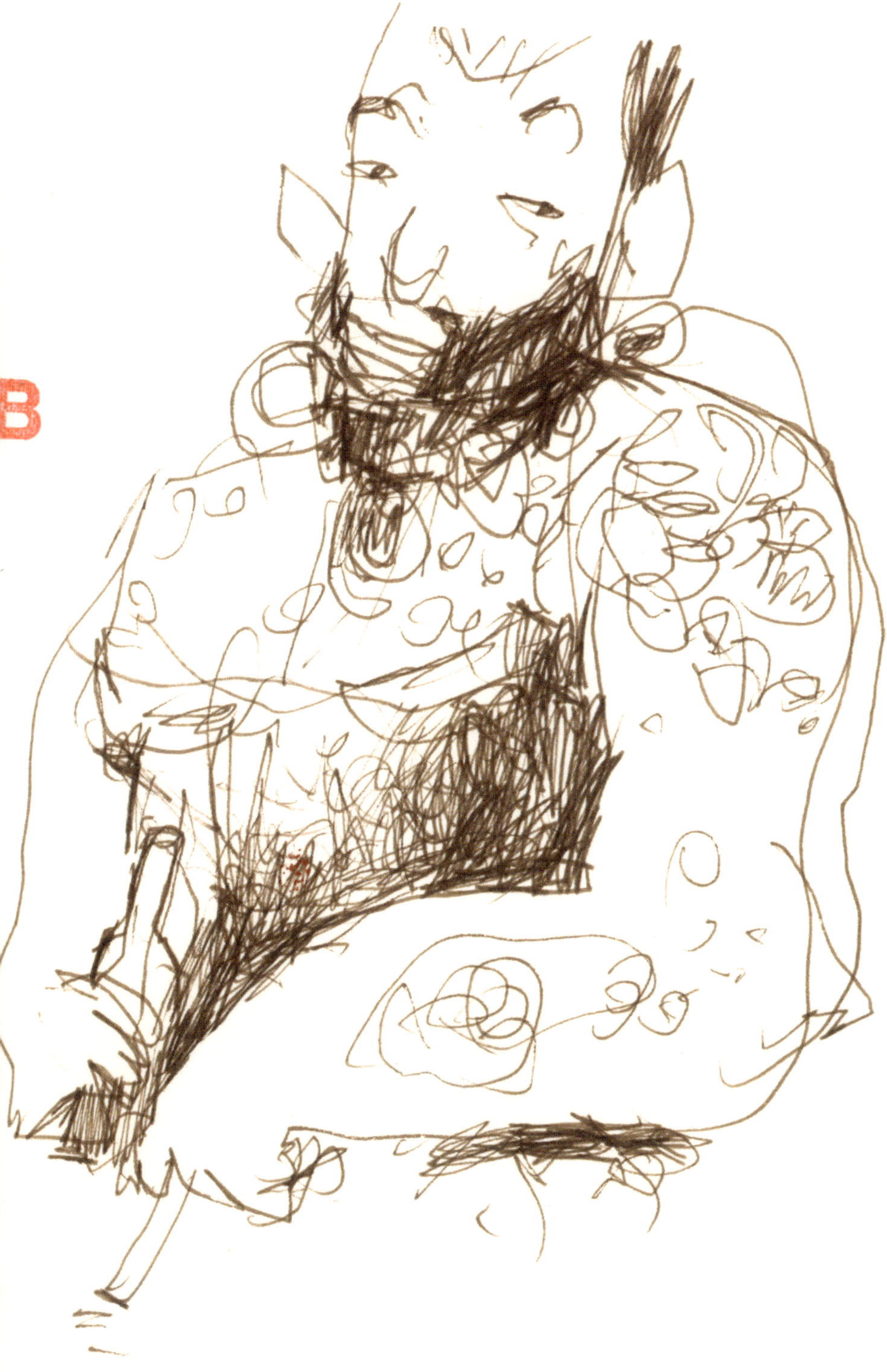

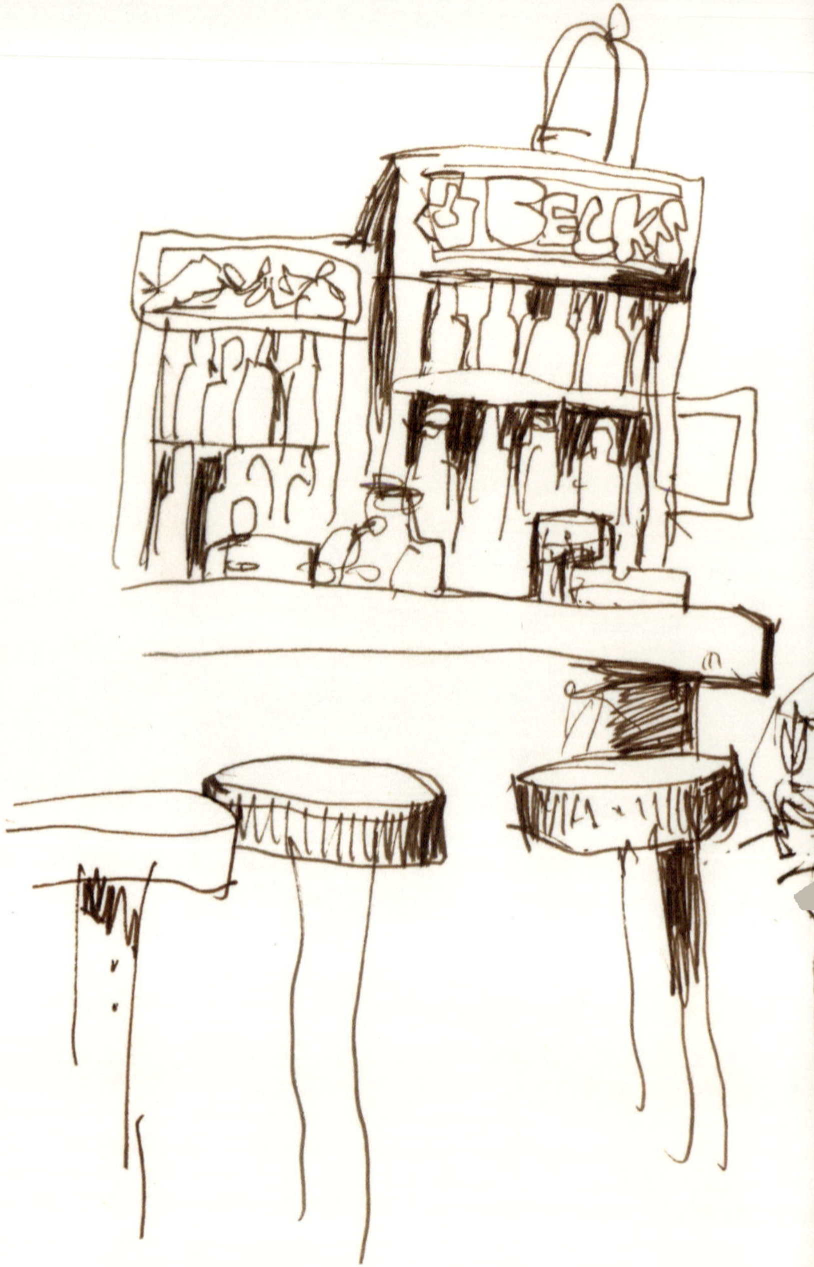
BECKS

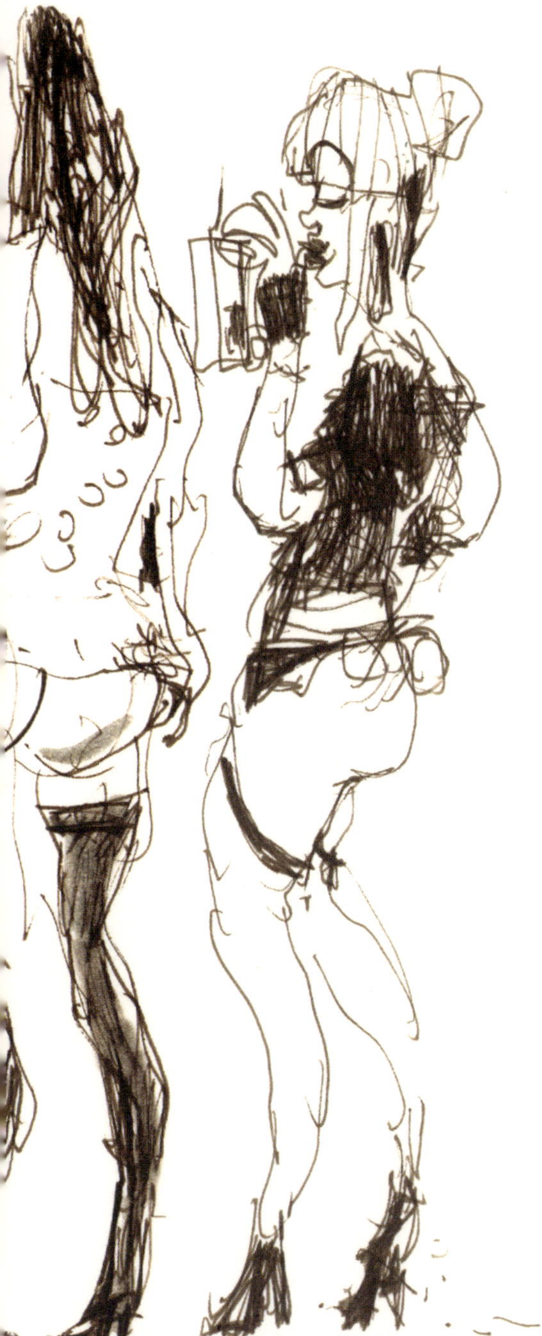

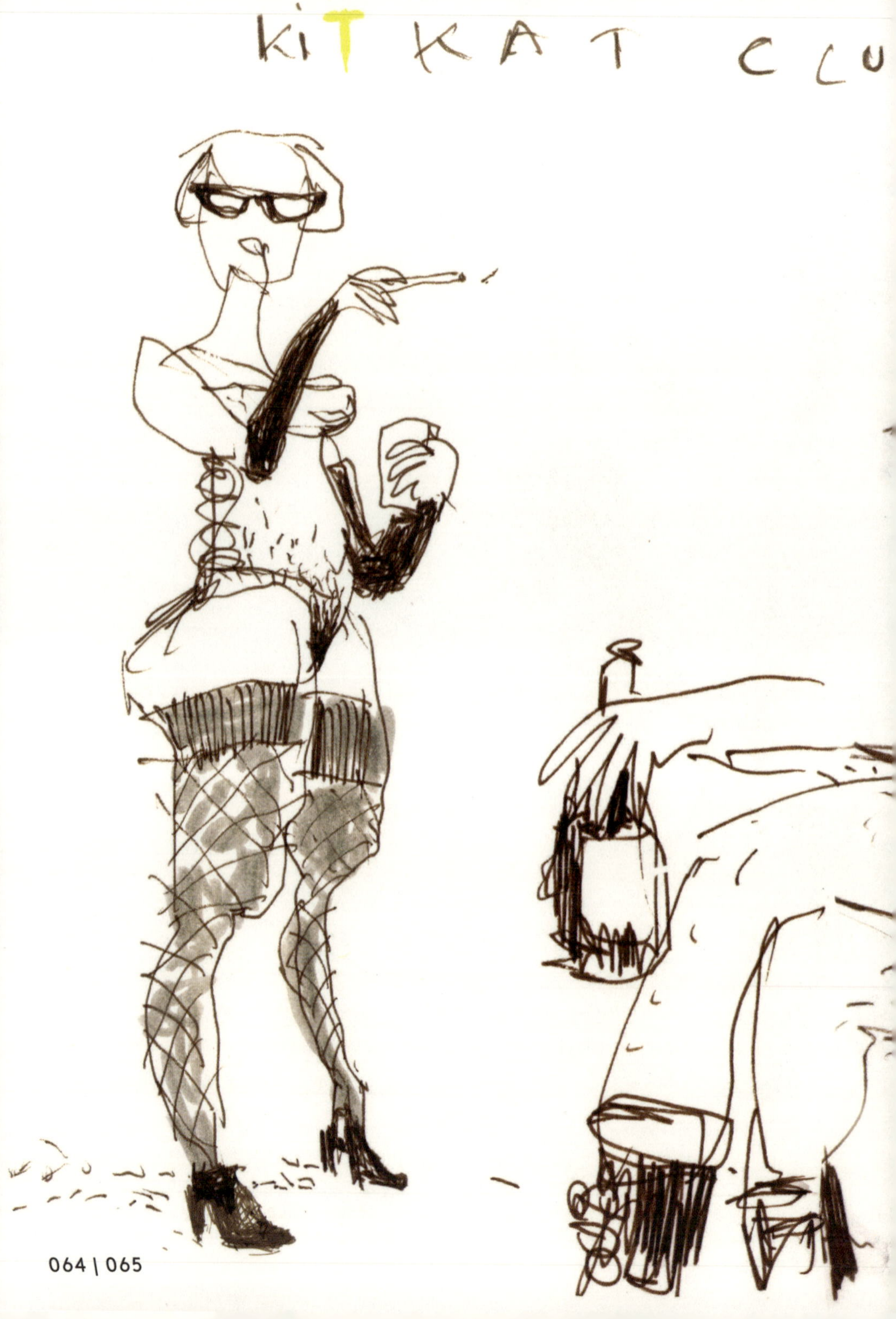
KiT KAT CLU

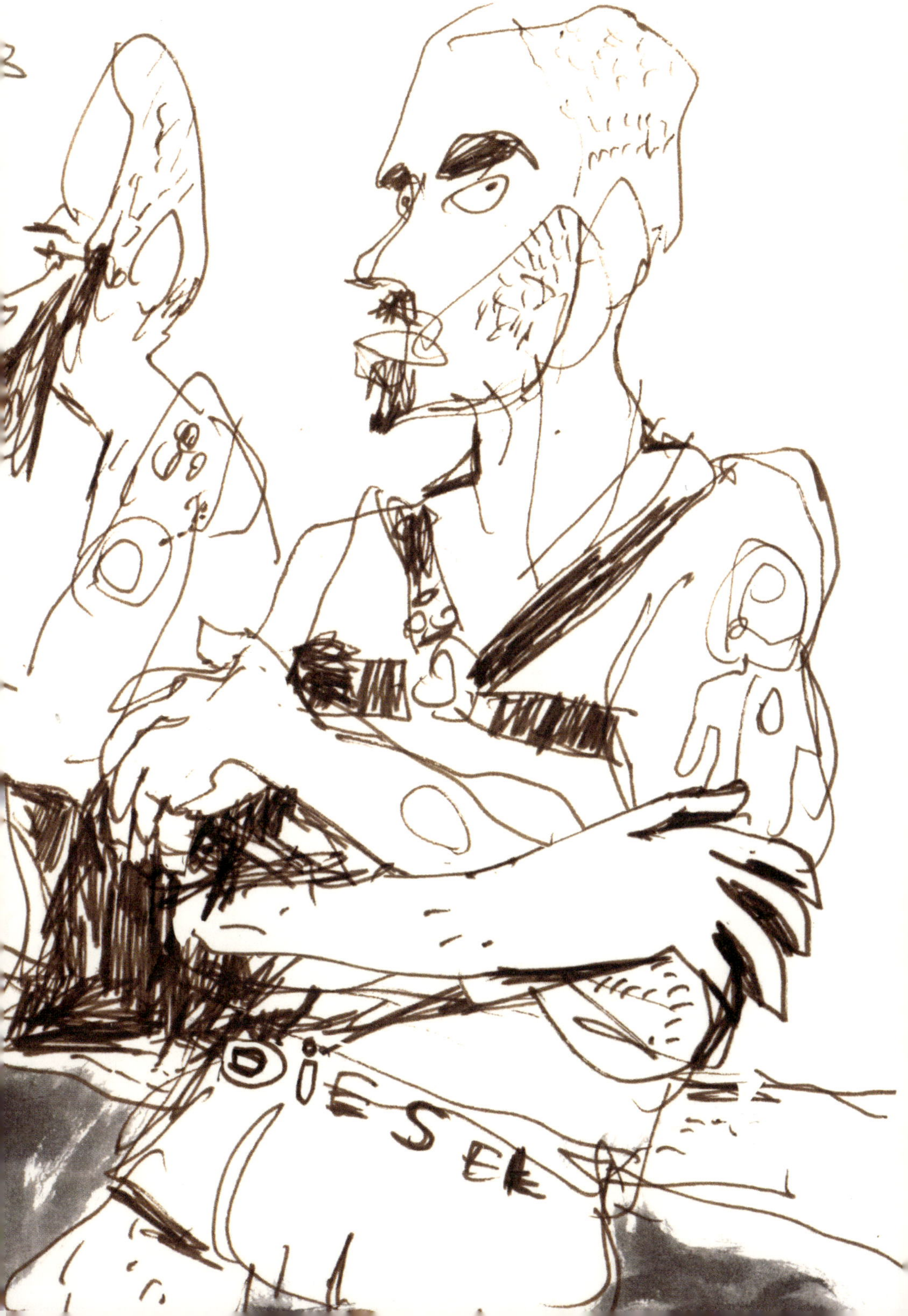

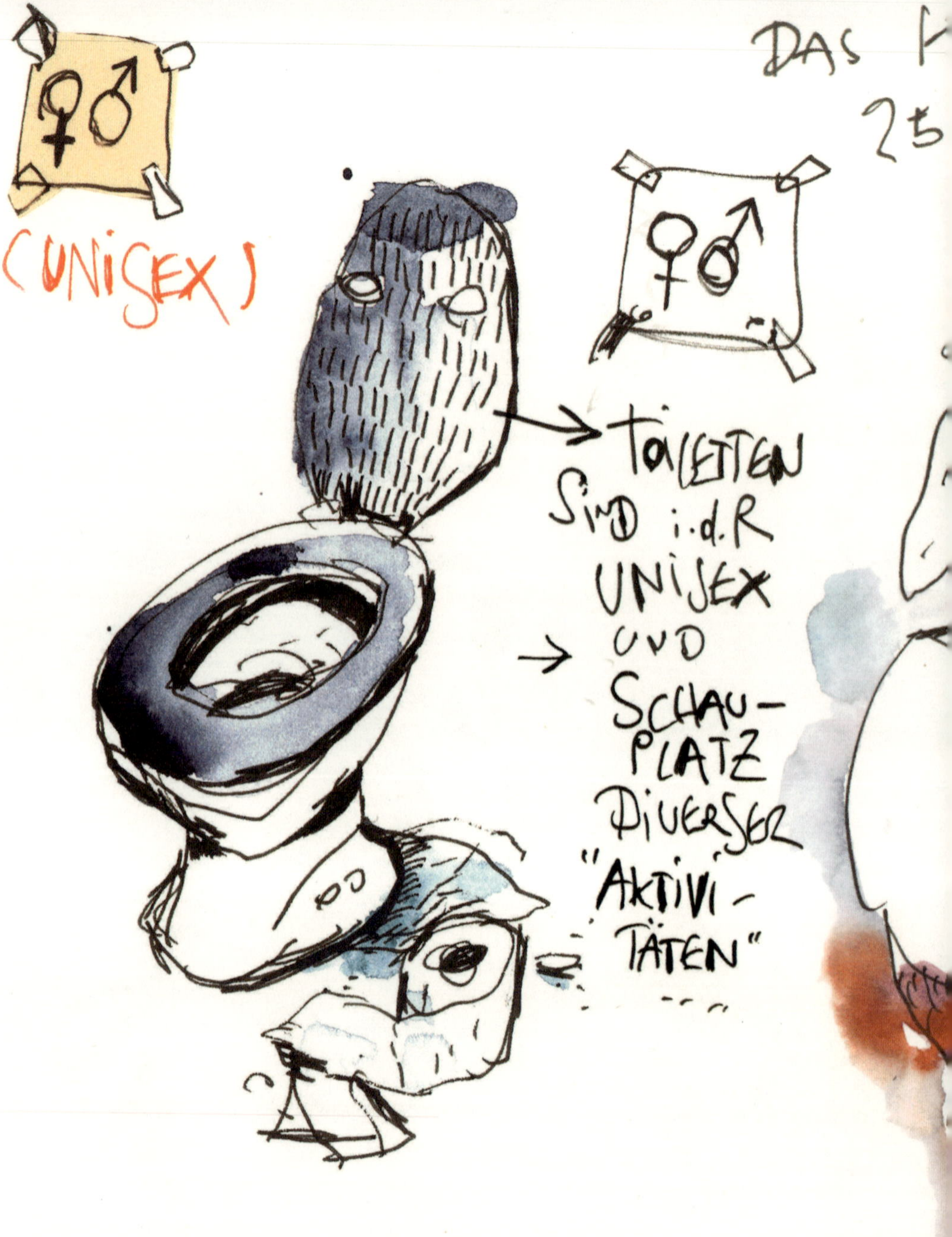
(UNISEX)
DAS
TOILETTEN SIND i.d.R UNISEX UND SCHAU-PLATZ DIVERSER "AKTIVI-TÄTEN"

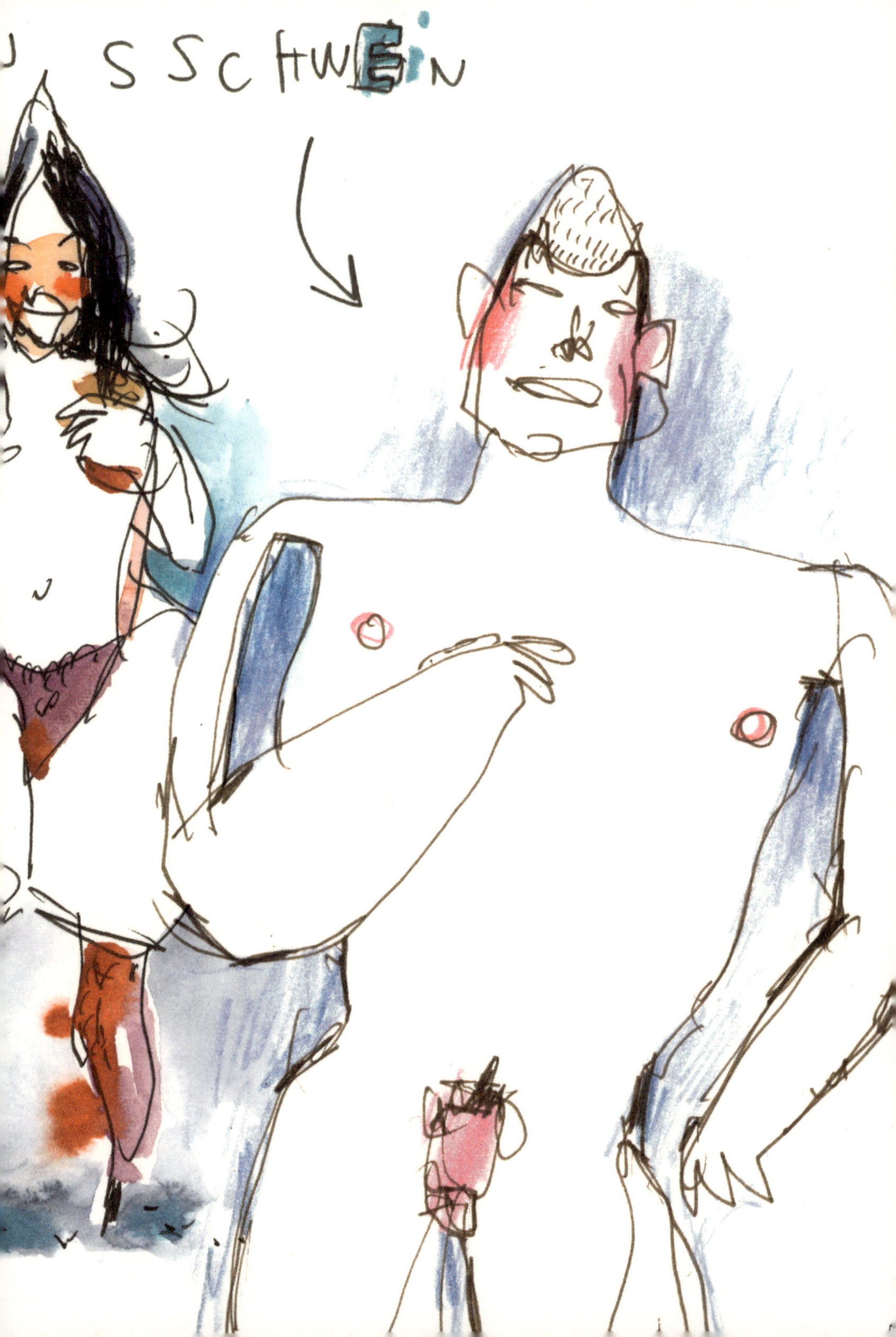
SSCHWEIN

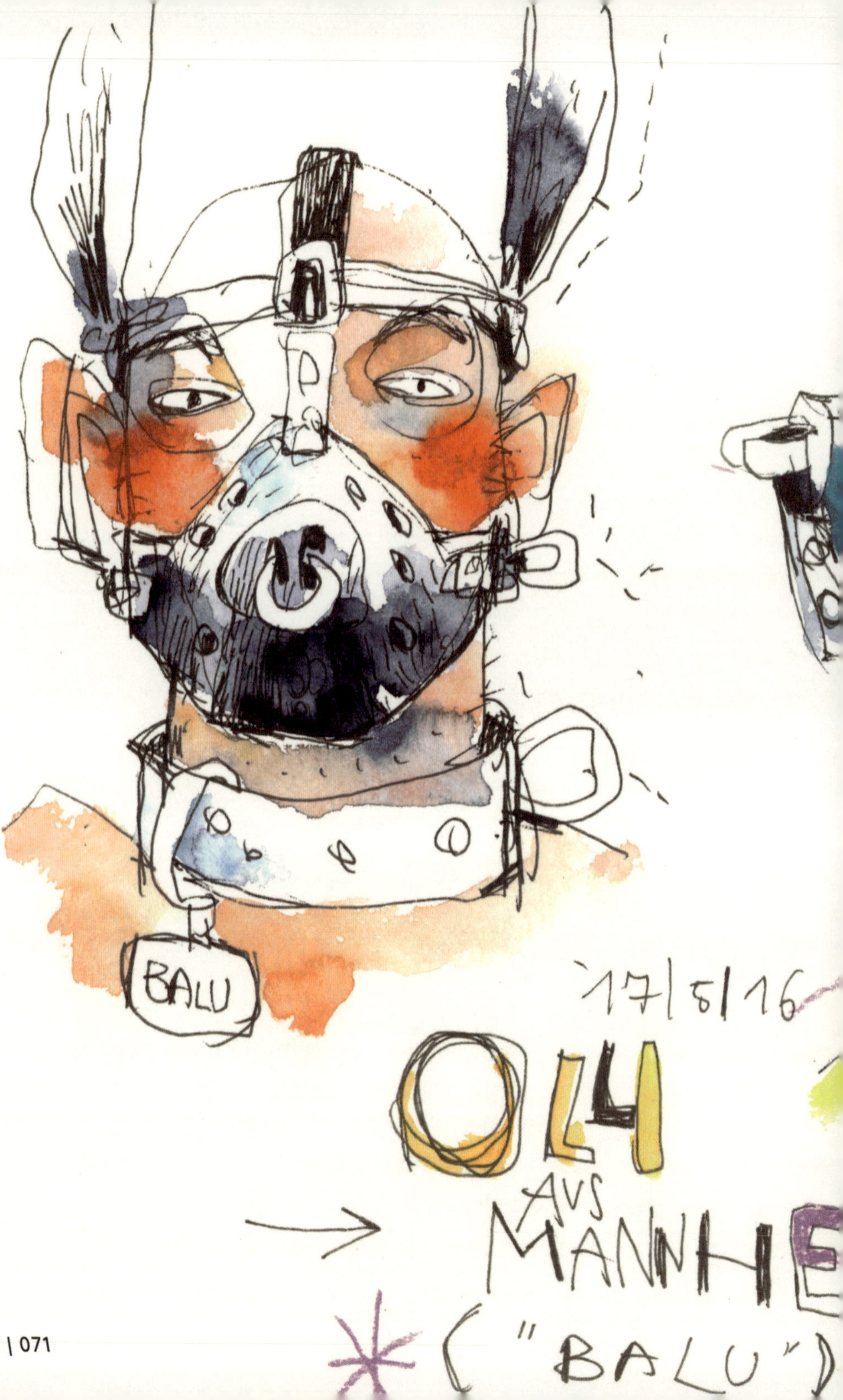
BALU
17/8/16
OLLI
AUS
MANNHE
("BALU")

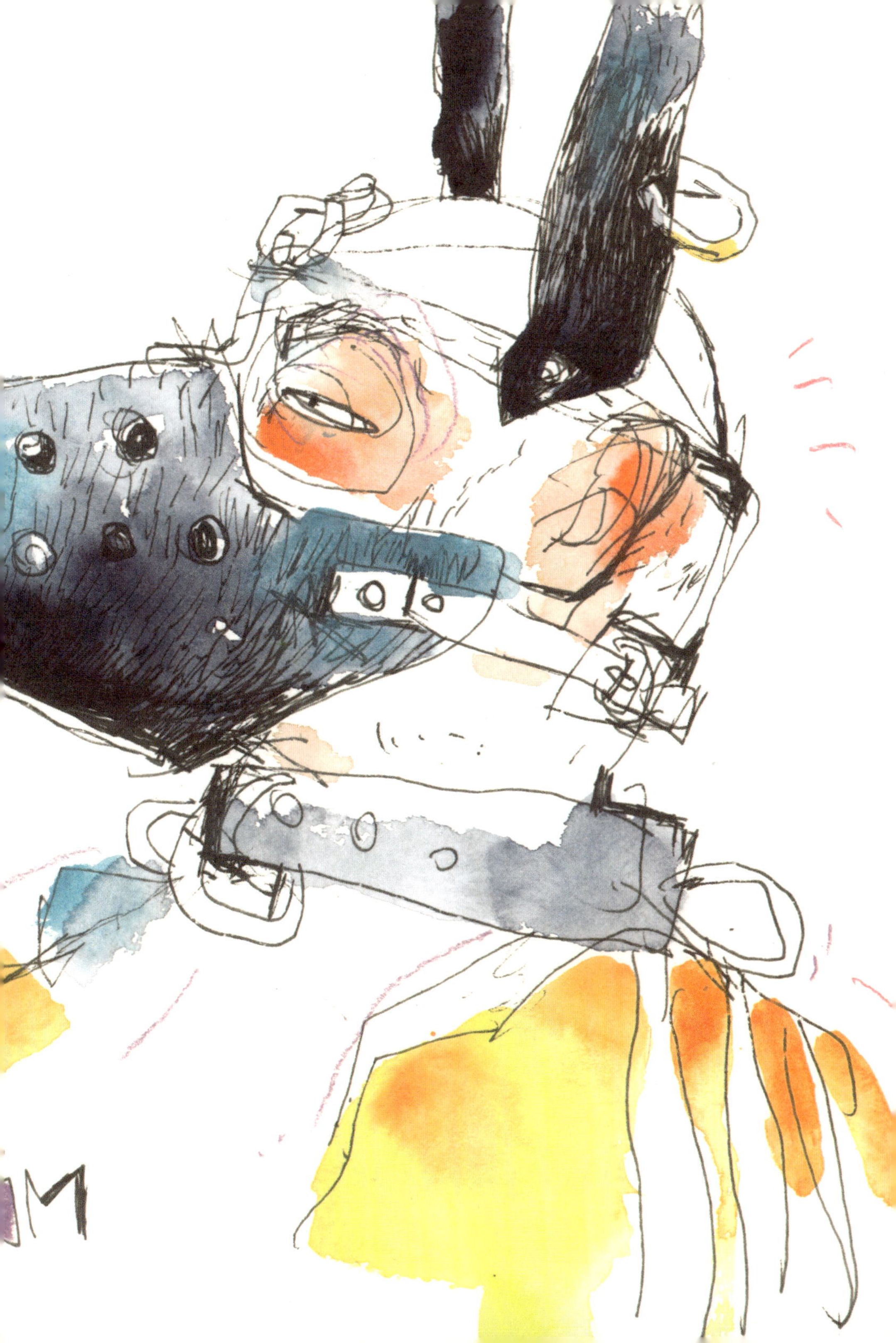

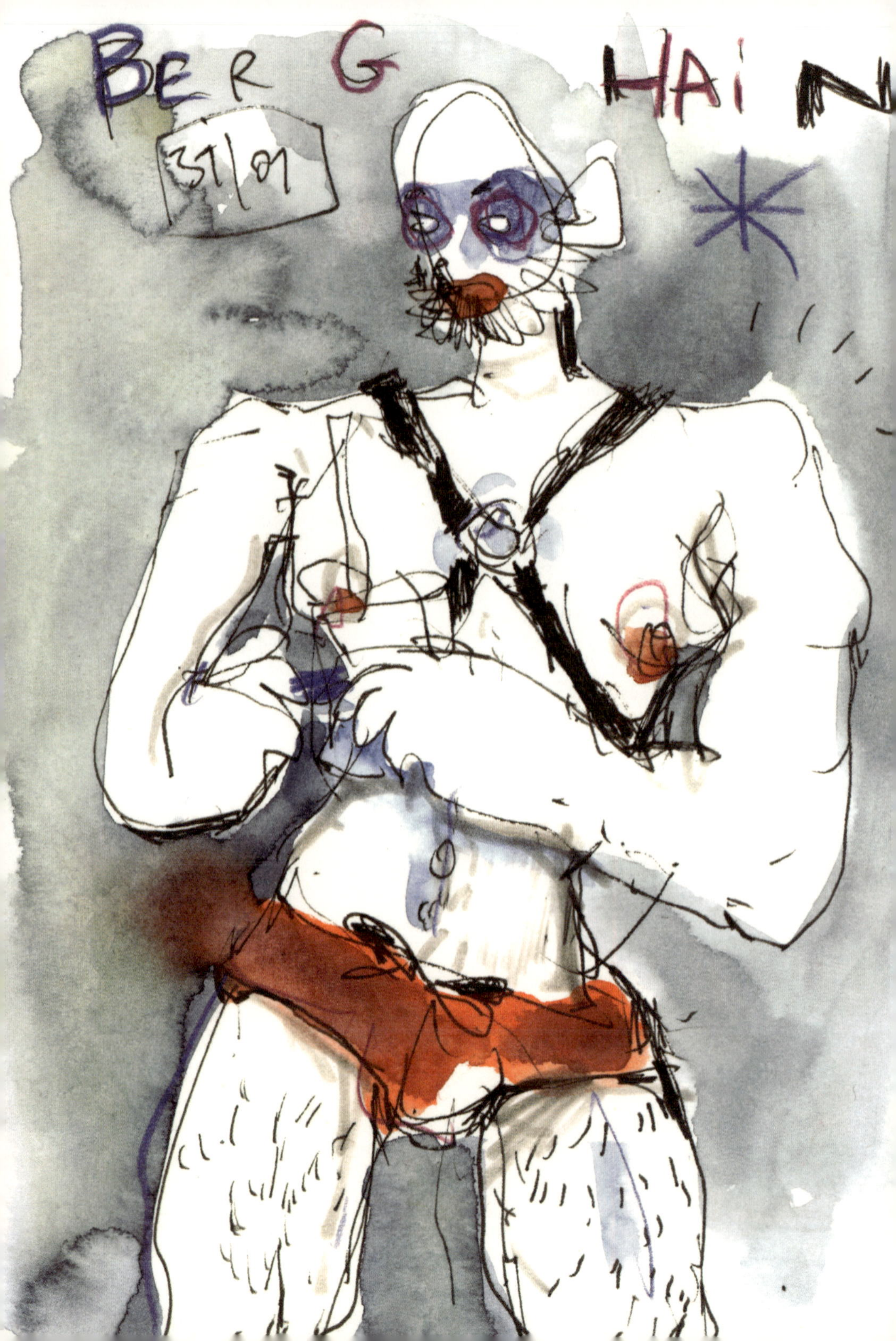
BERG HAIN
31/01

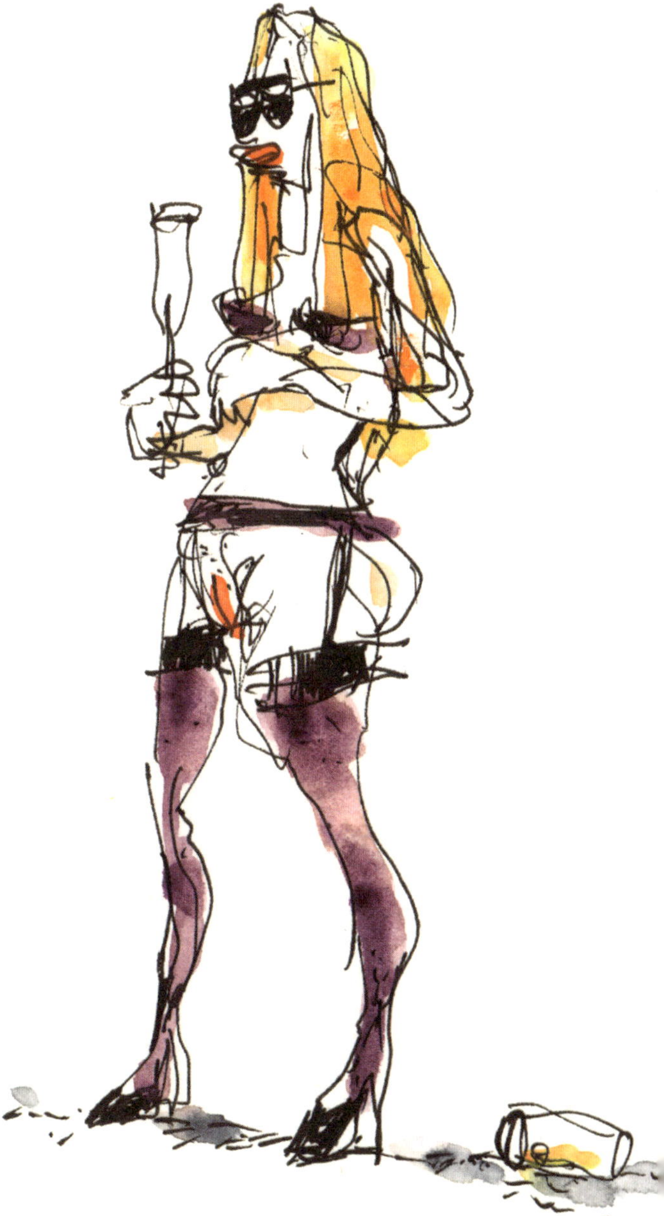

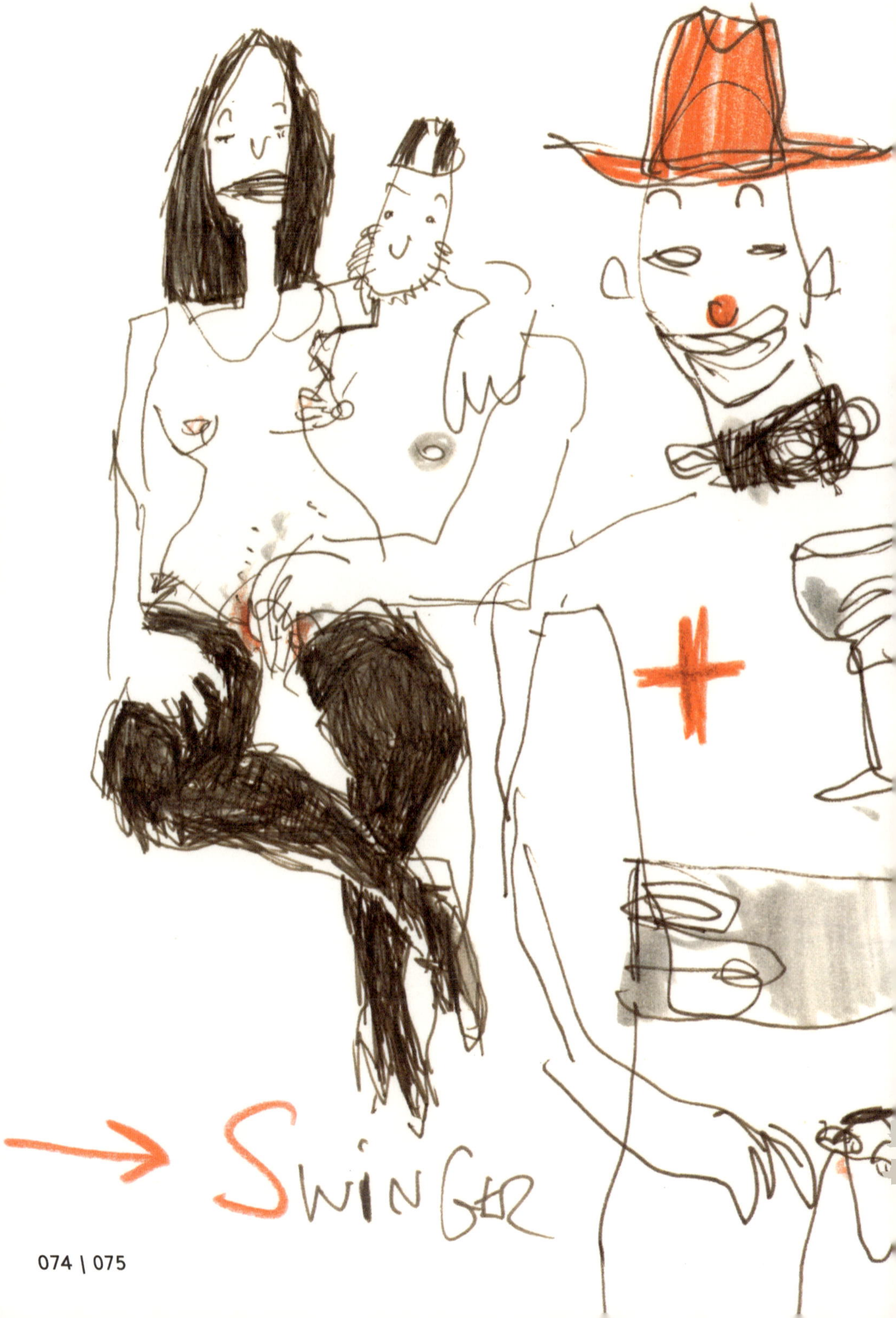
SWINGER

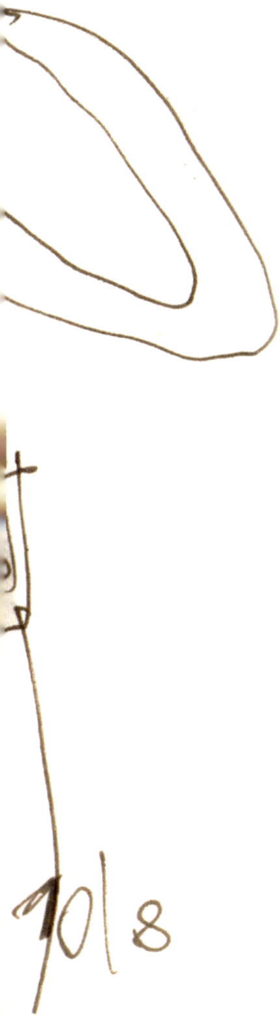
10|8

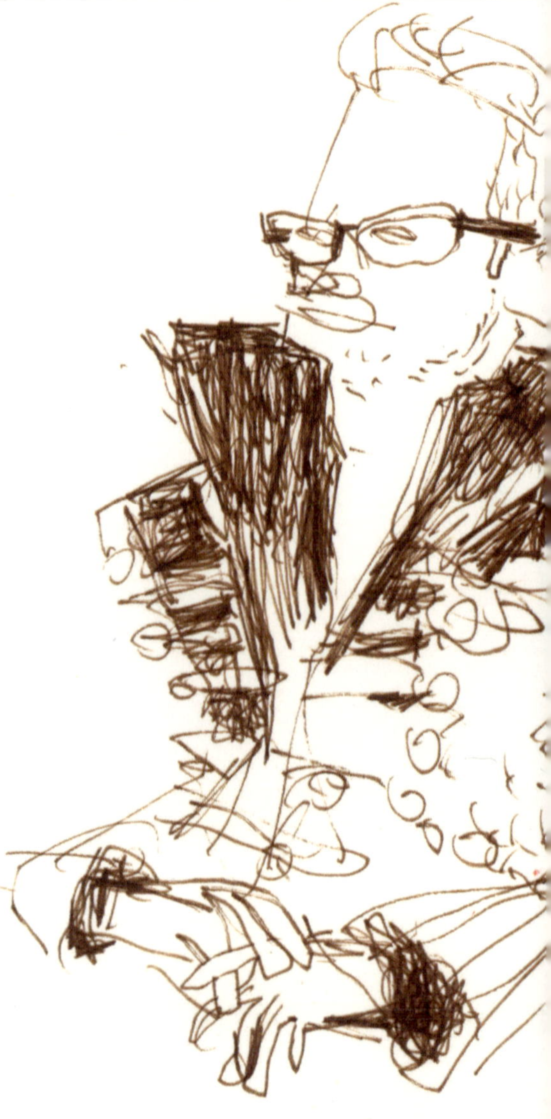

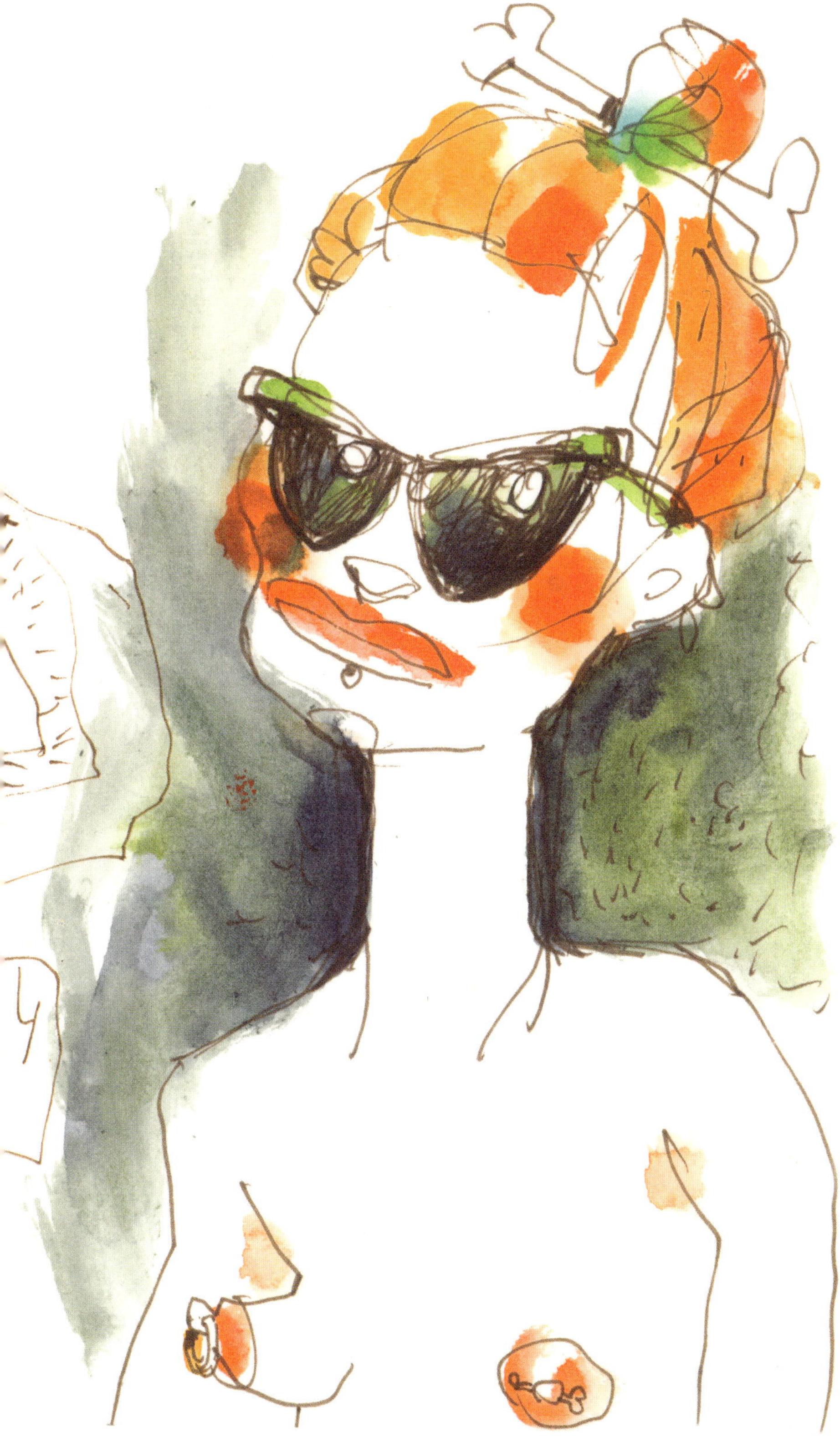

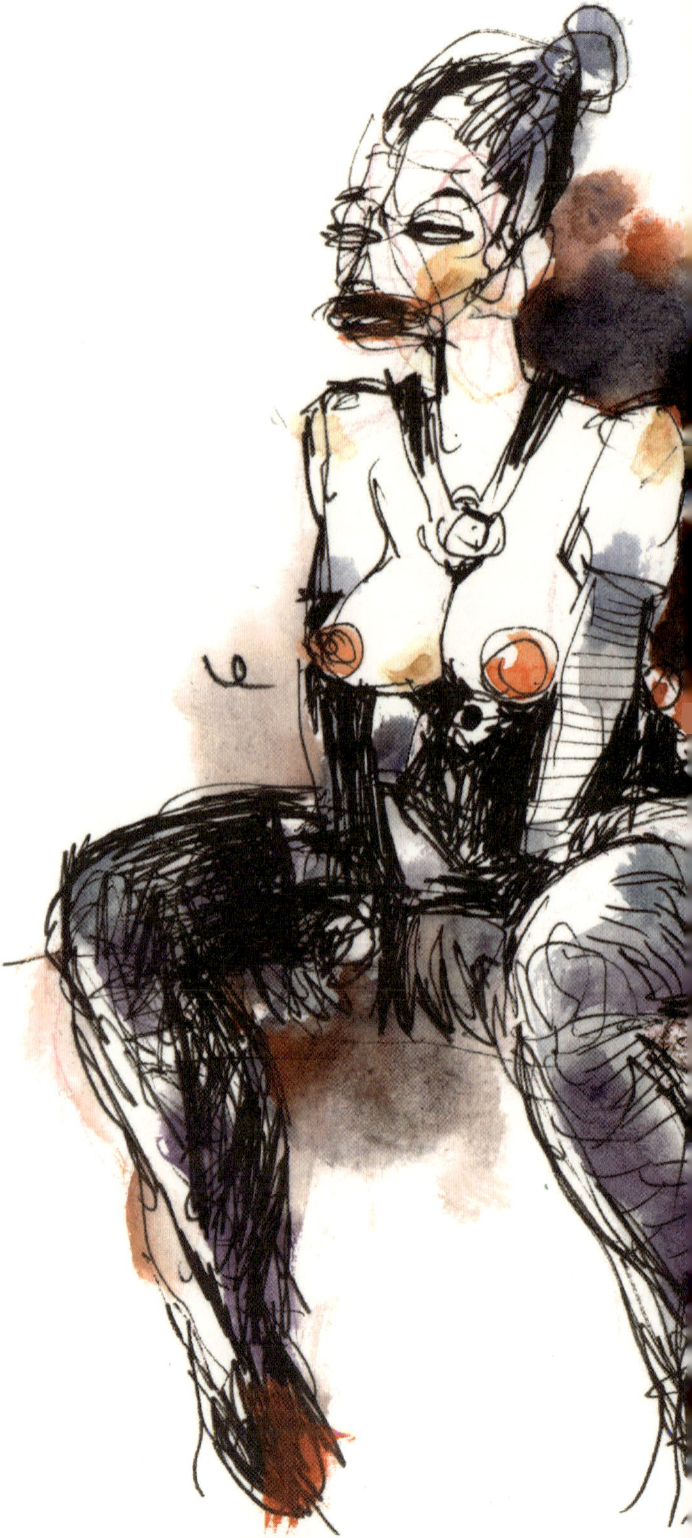

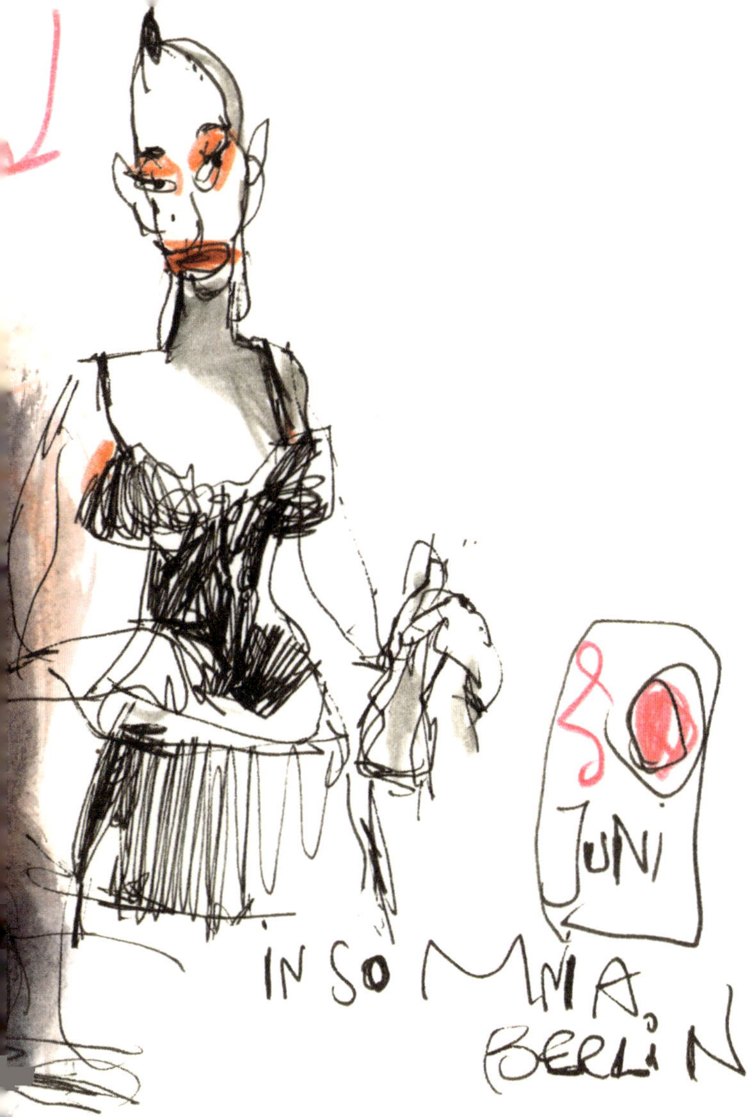
8
JUNI
INSOMNIA
BERLIN

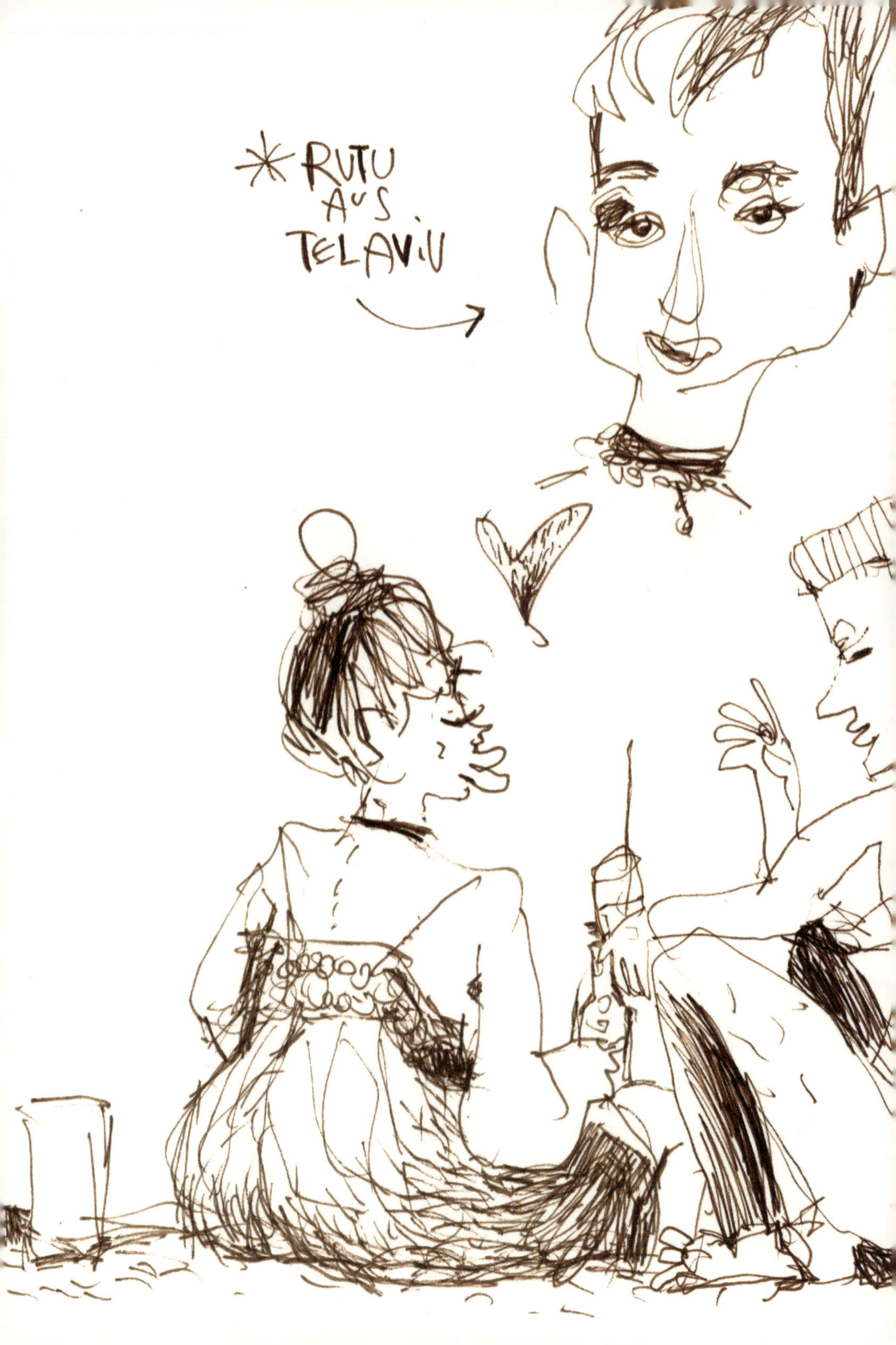
* RUTU
AUS
TEL AVIV

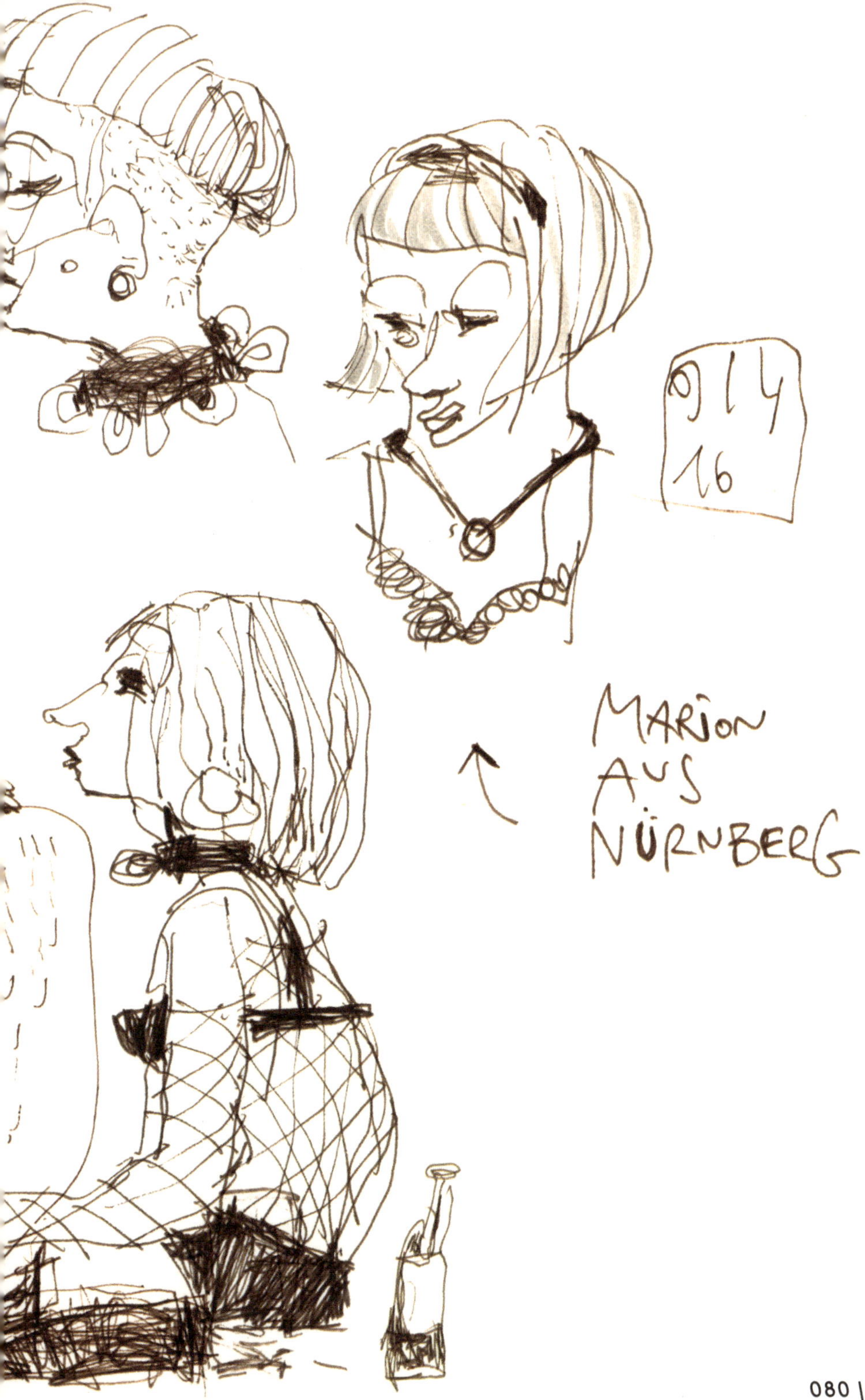
MARION
AUS
NÜRNBERG

30/4
2016

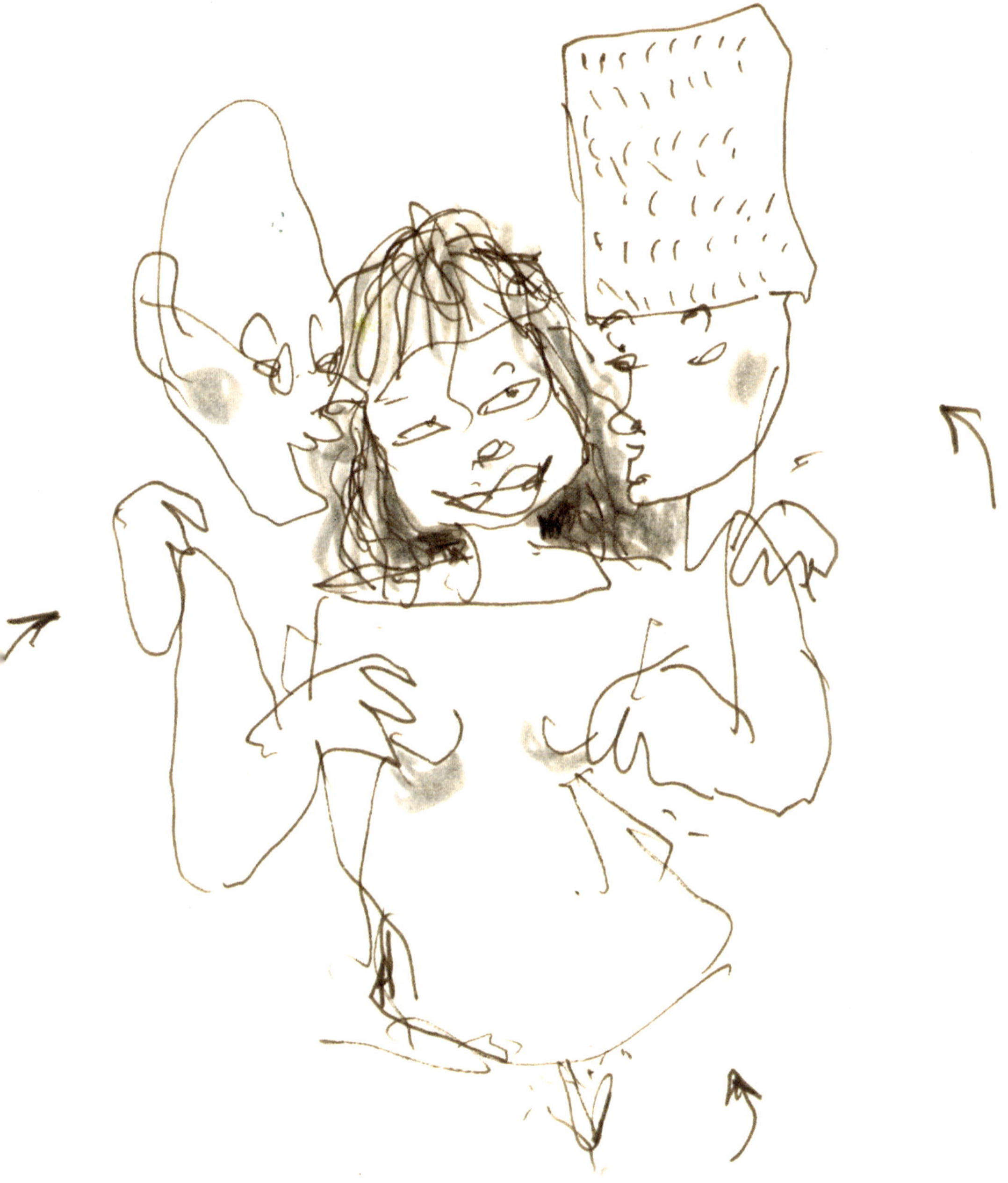

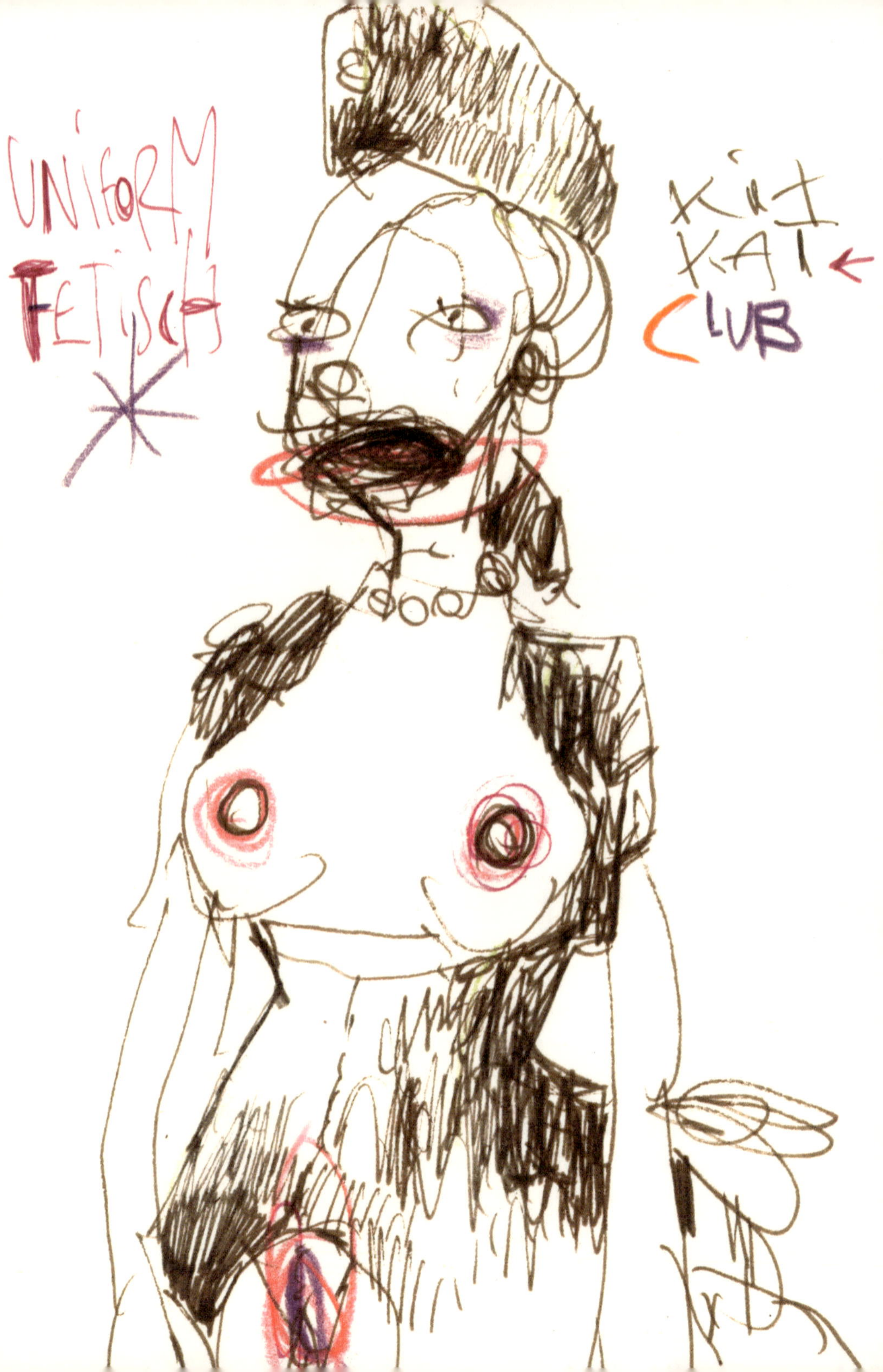
UNiFORM
FETiSCH
KiT
KAT
CLUB

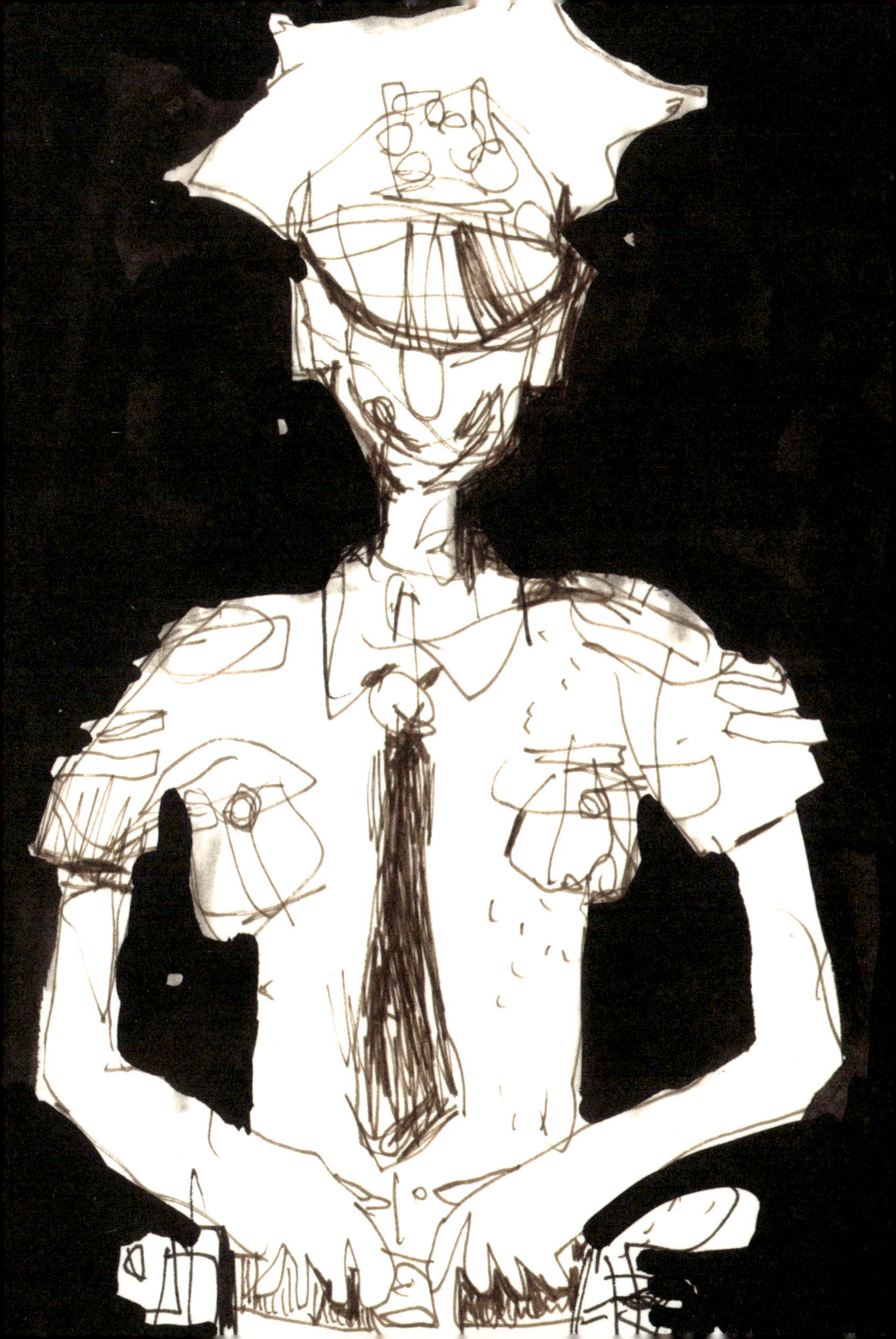

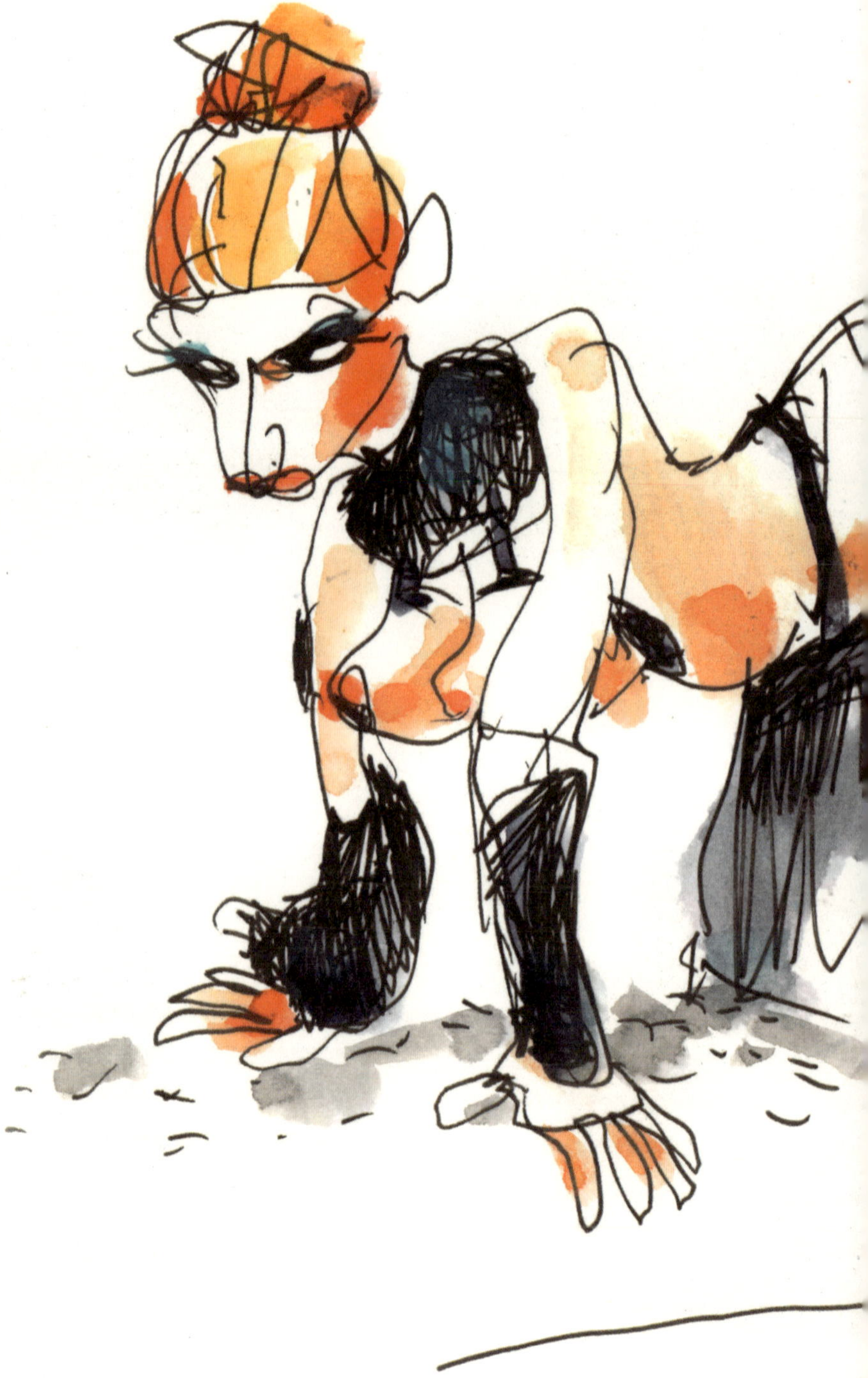

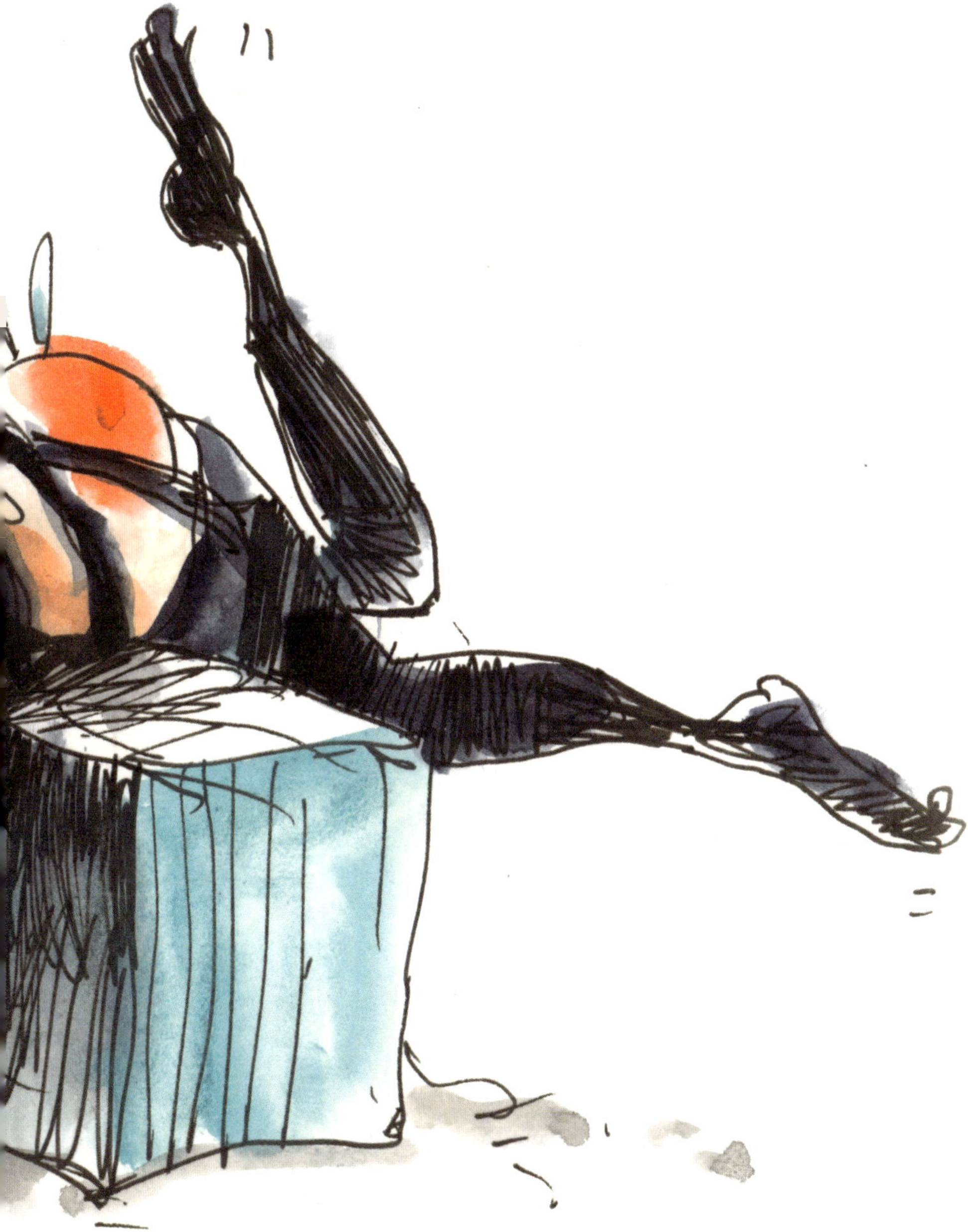

SHOW IM INSOMNIA

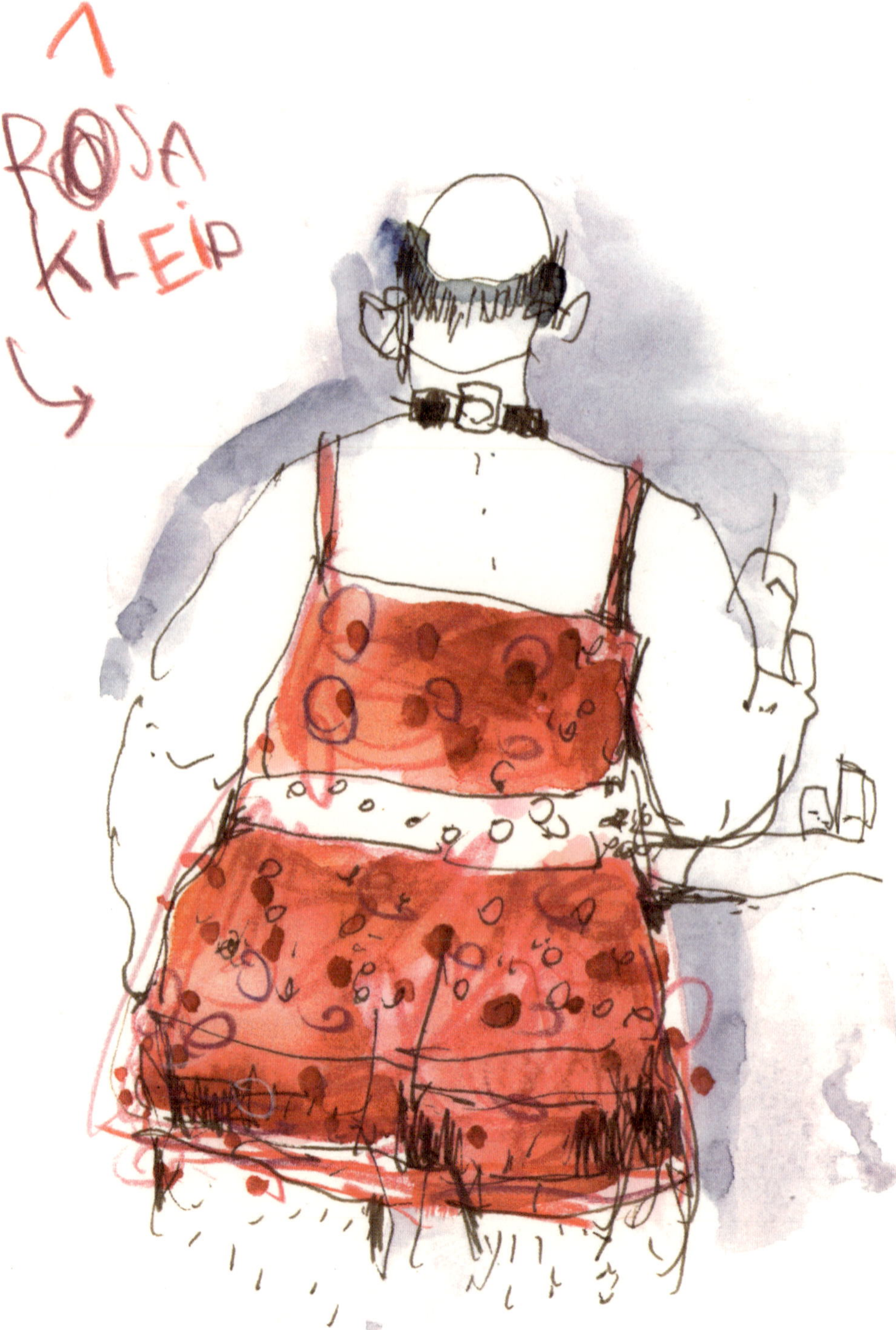
ROSA
KLEID

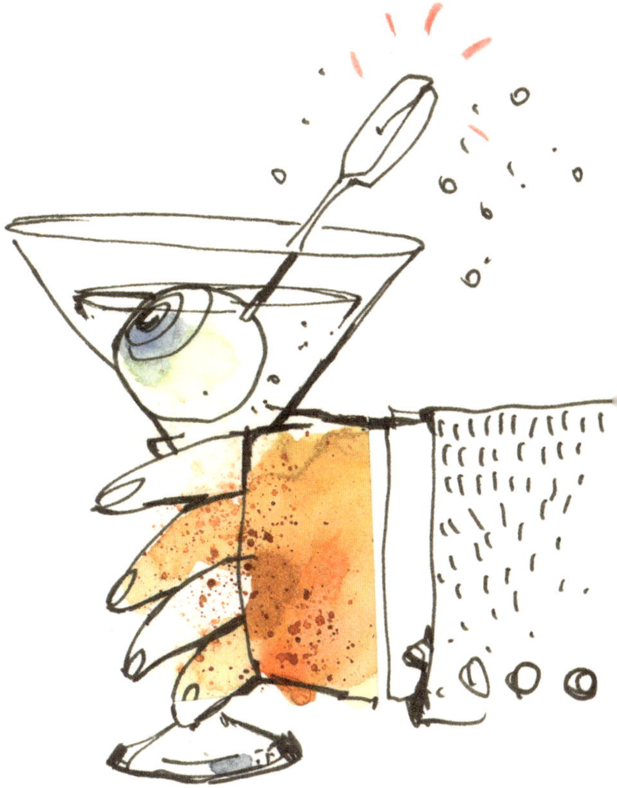

BLOW JOB

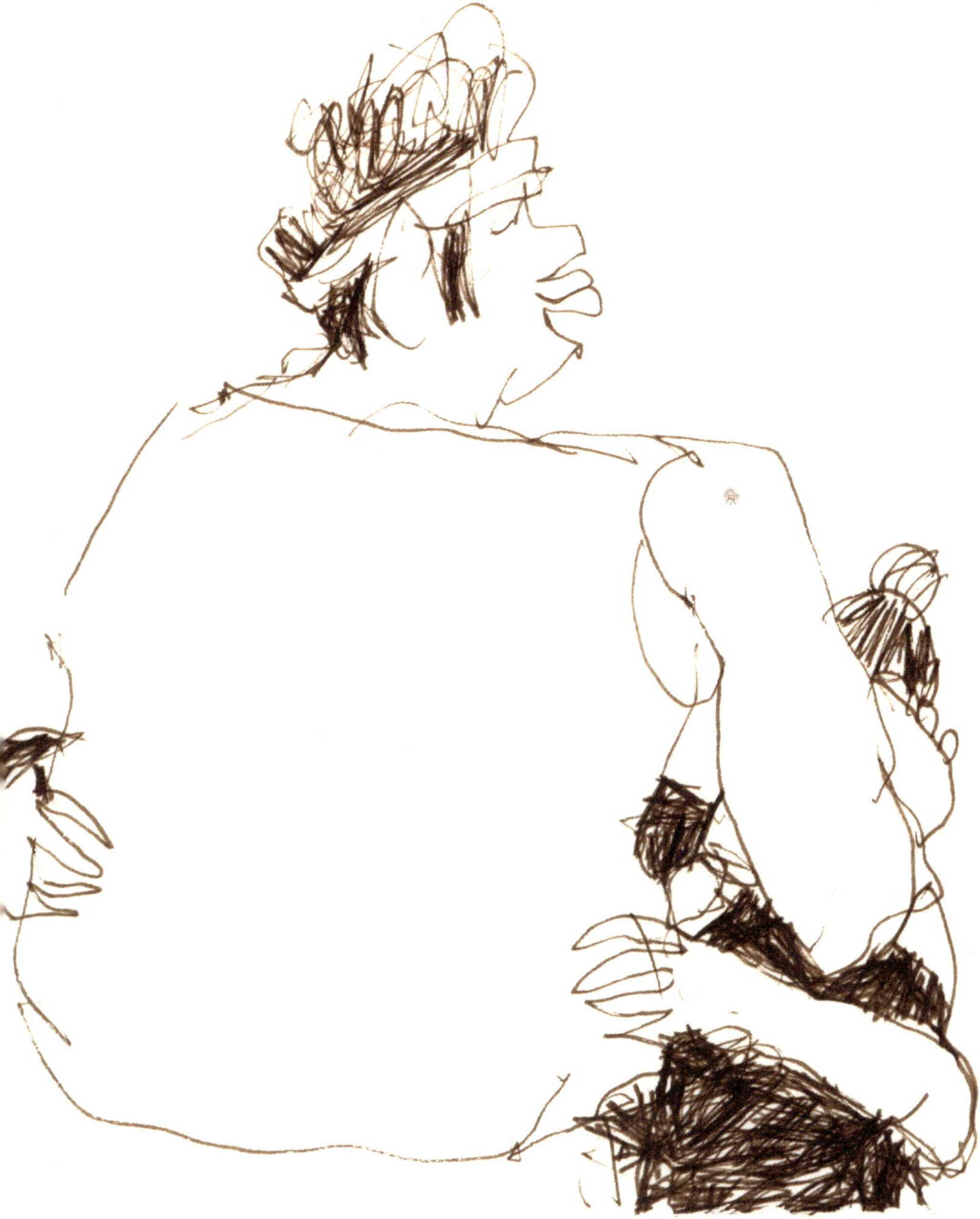

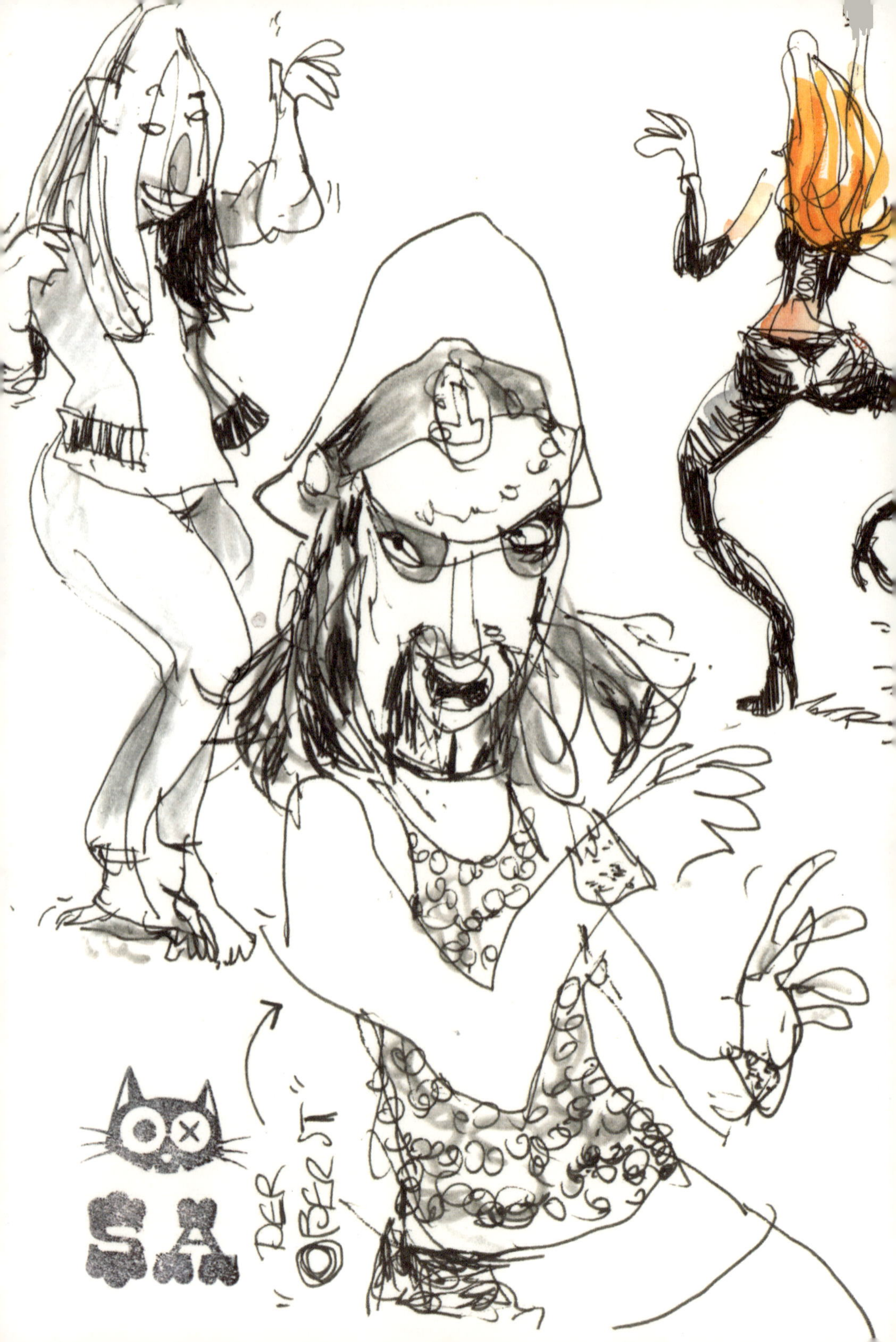
SA

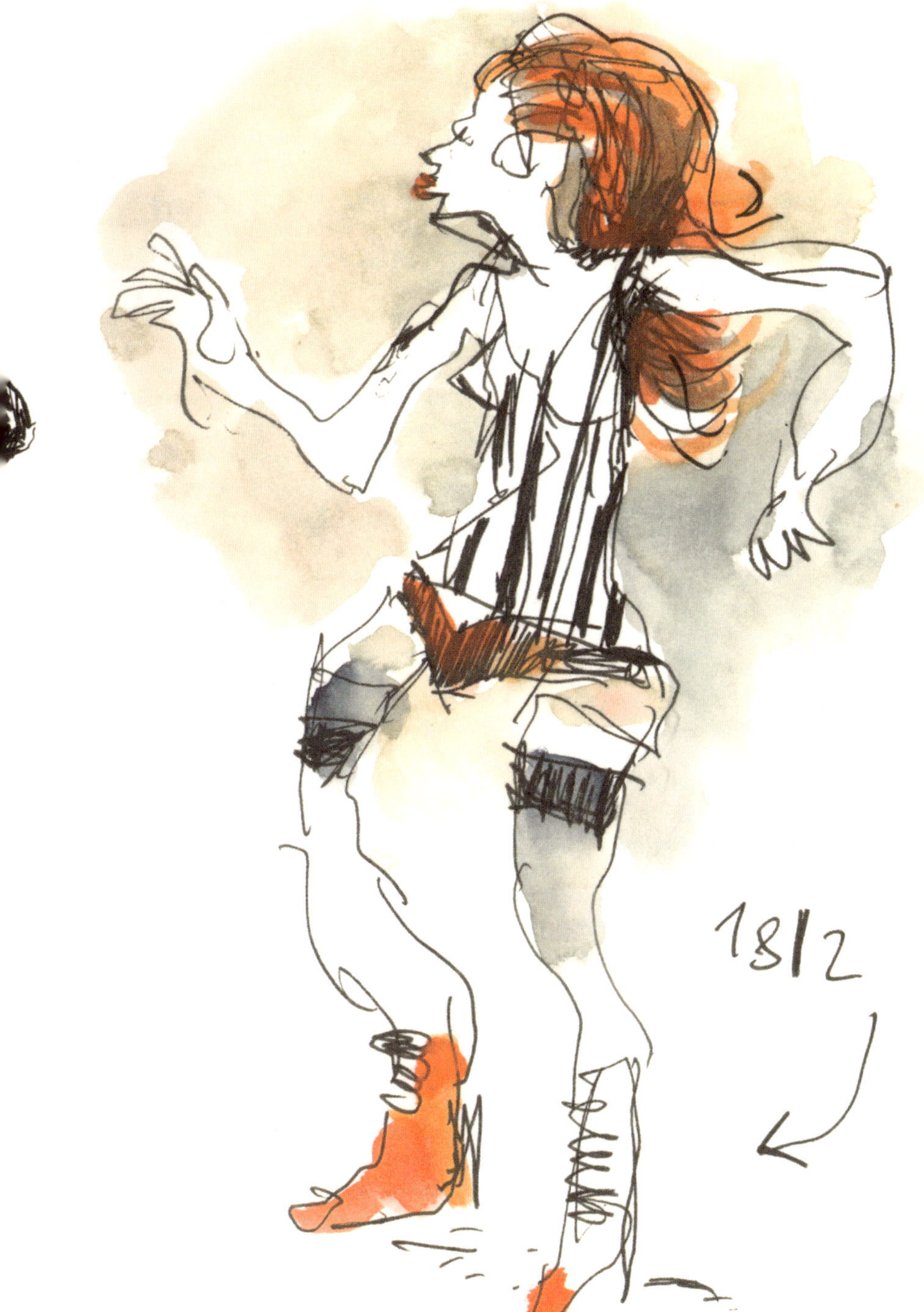
18/2

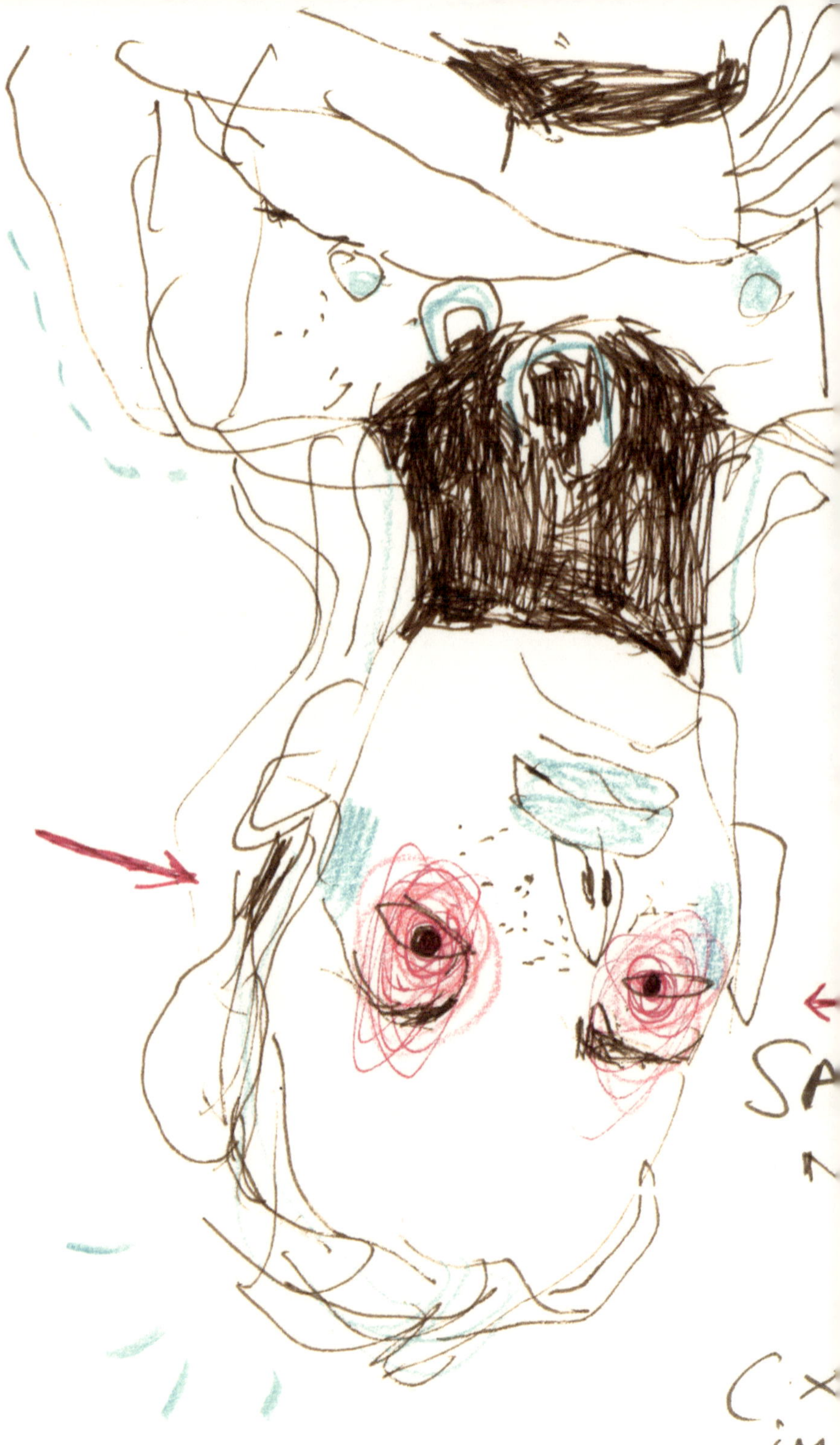

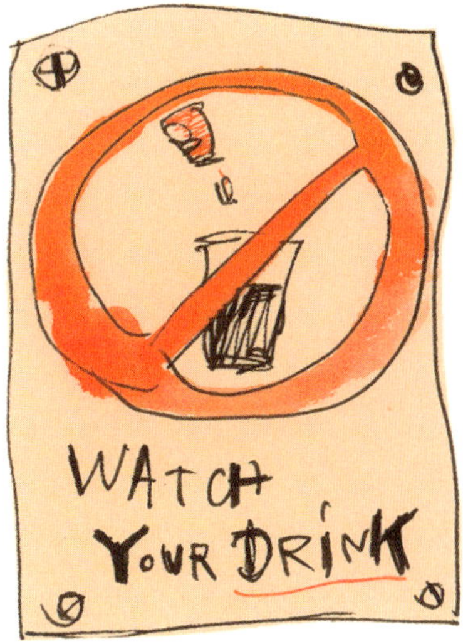

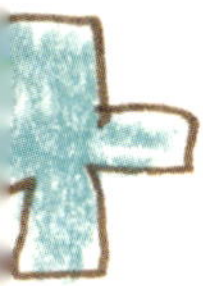

INE IST
AT
TRANSPORT-
FÄHIG.
+
HILD
ERGHAIN)

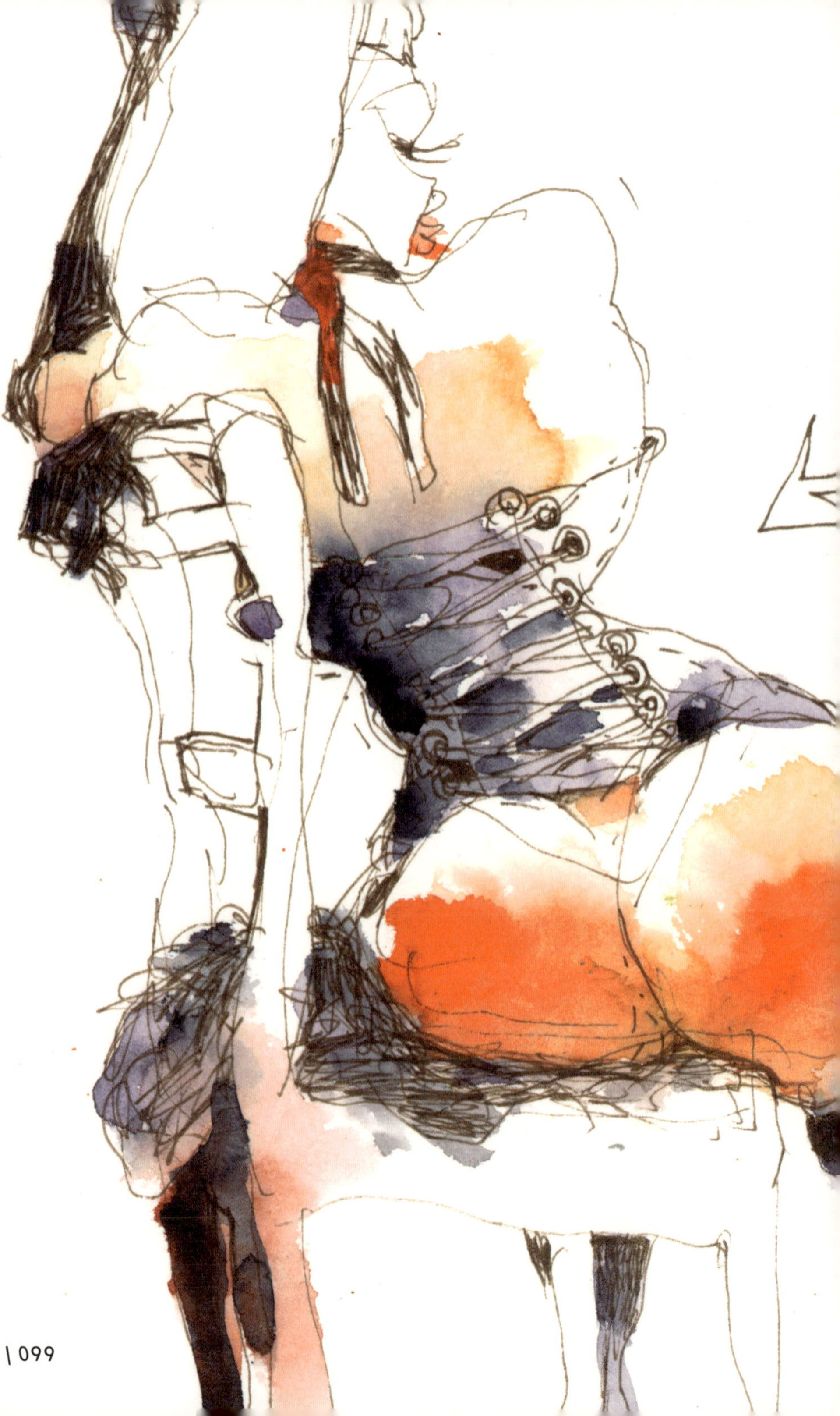

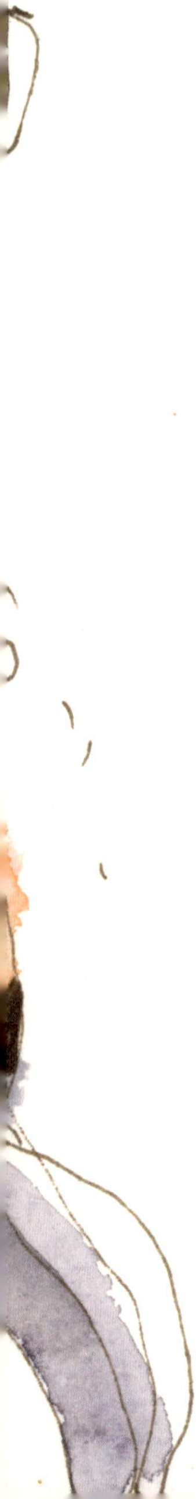

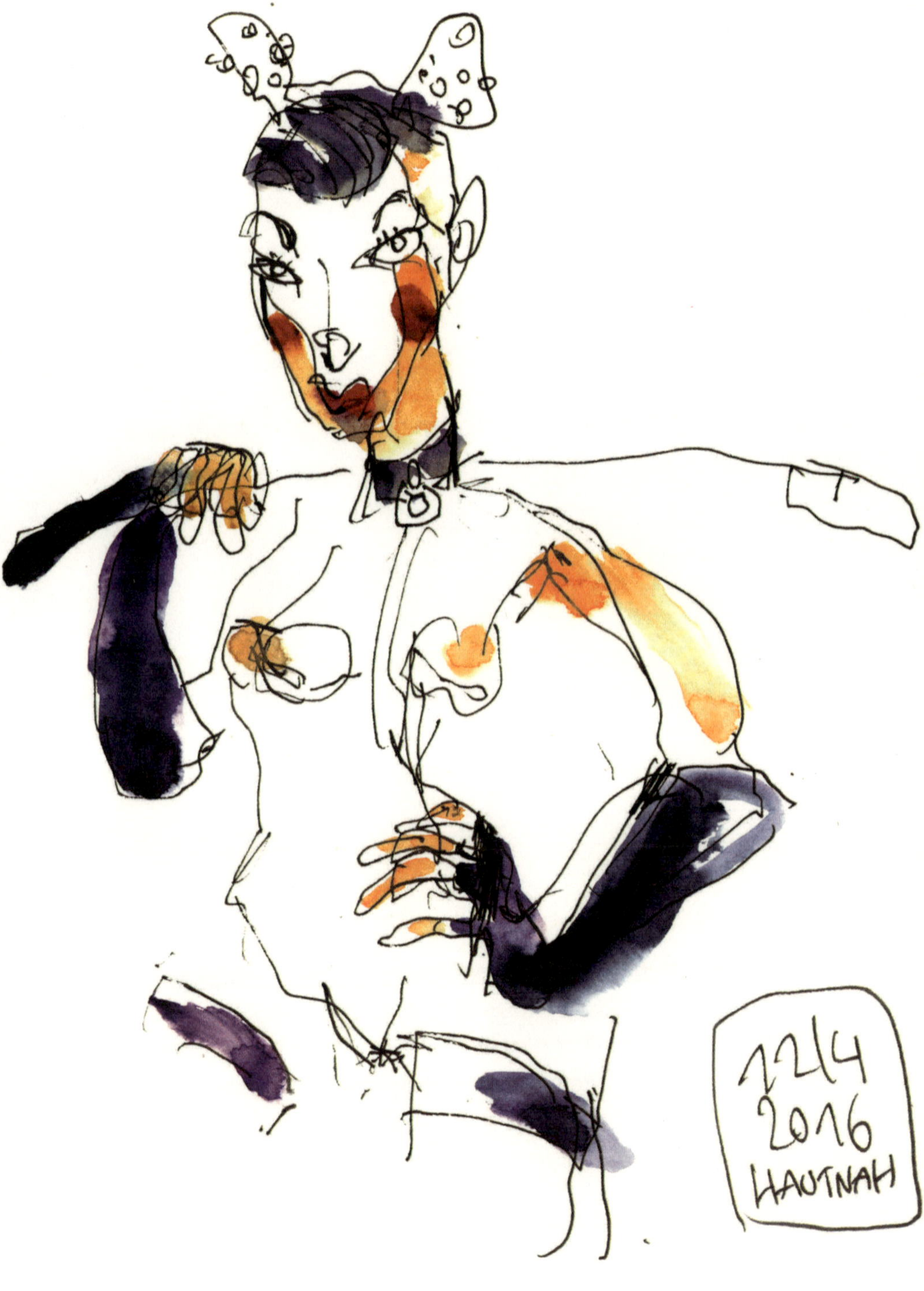
11/4
2016
HAUTNAH

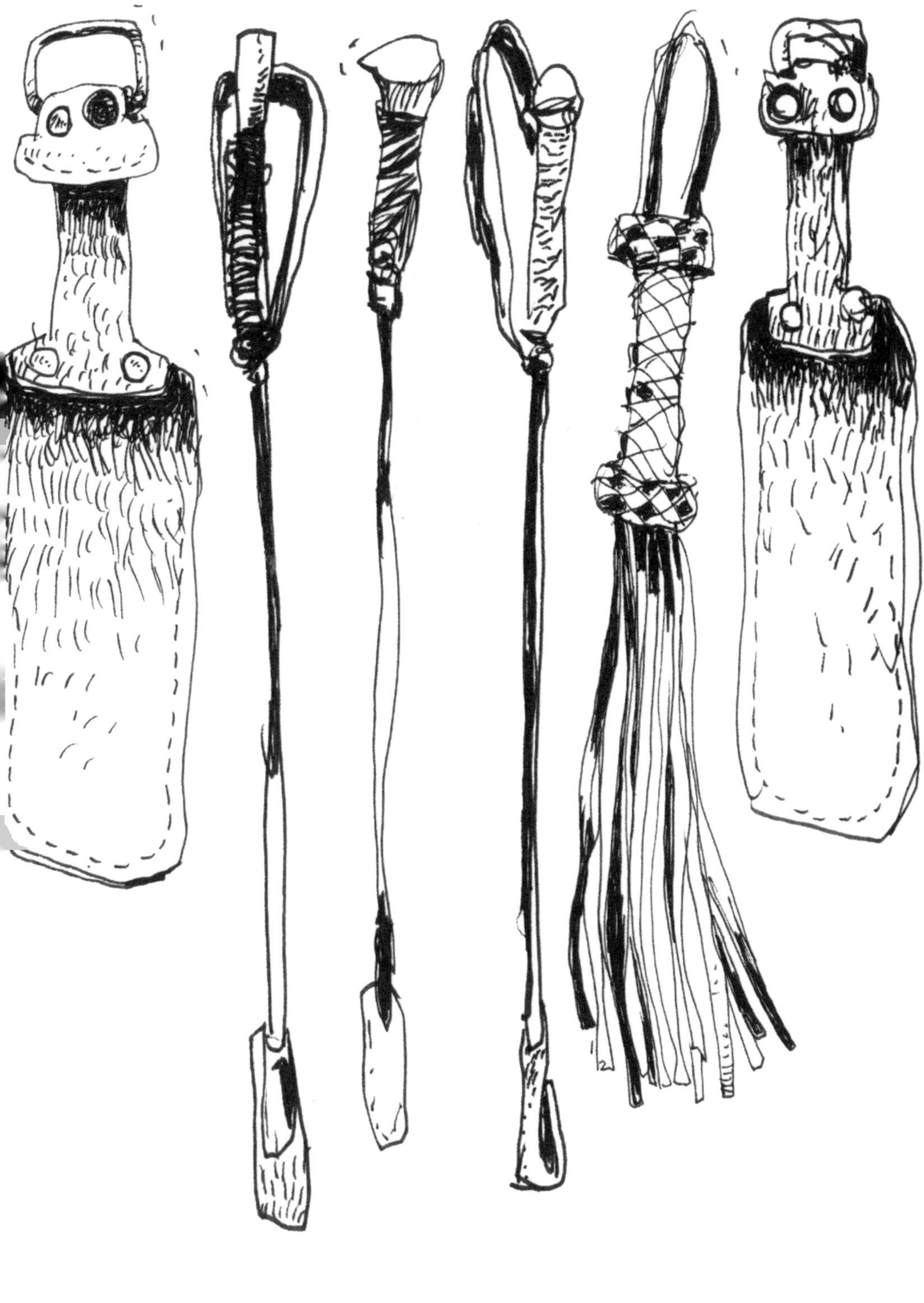

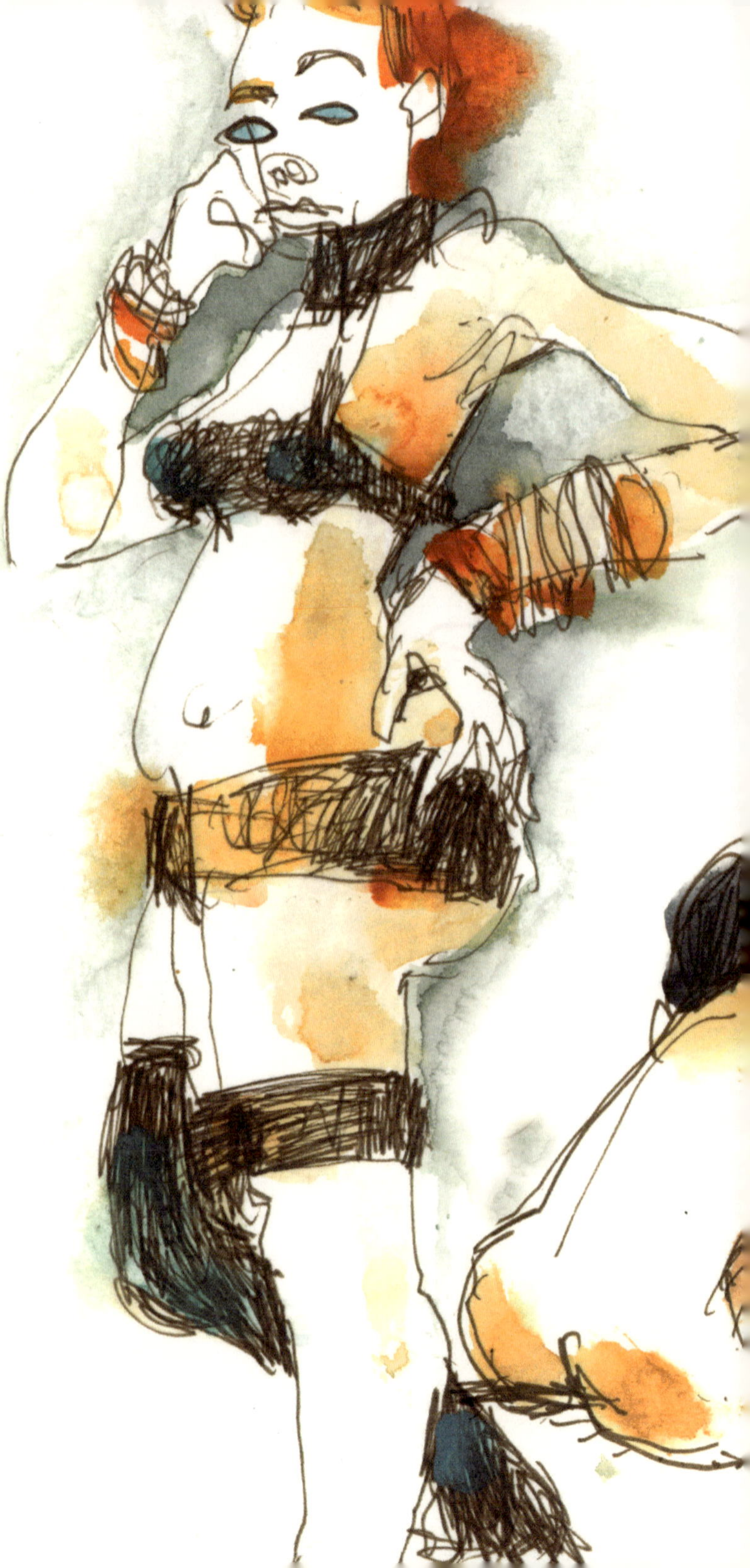

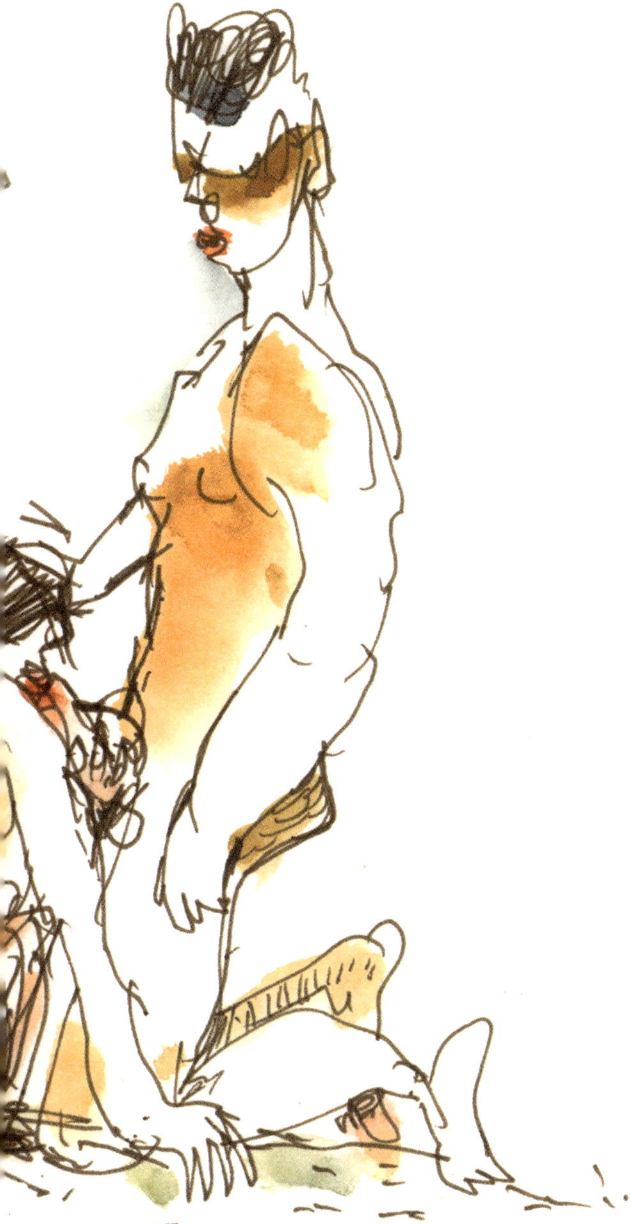

" WAS MACHT IHR EIGENTLICH BERUFLICH

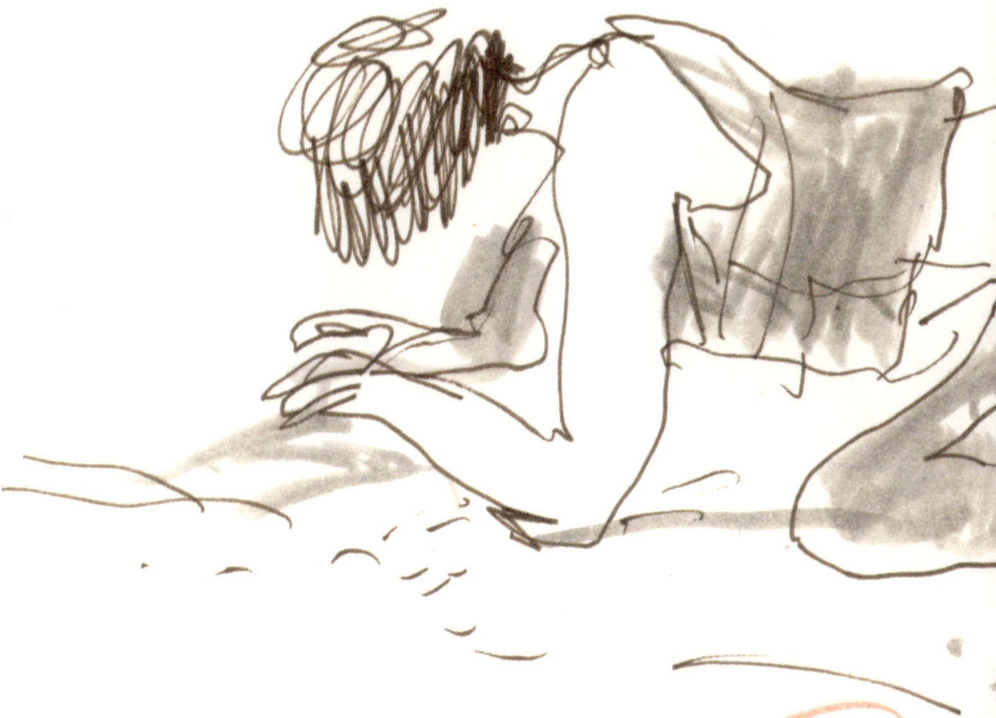

7 | 9

(→ LUSTIGE DIALOGE IM INSOMNIA

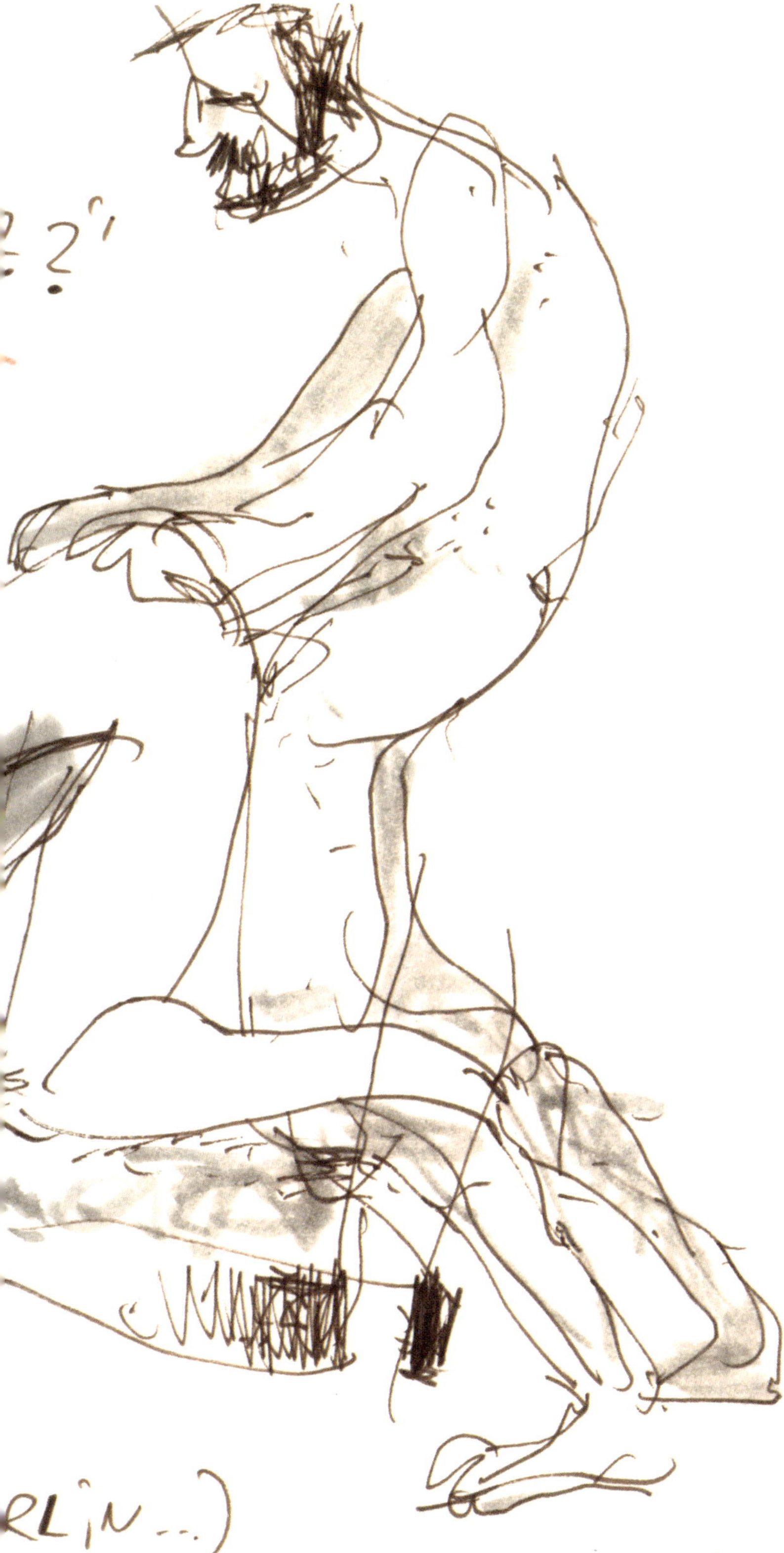

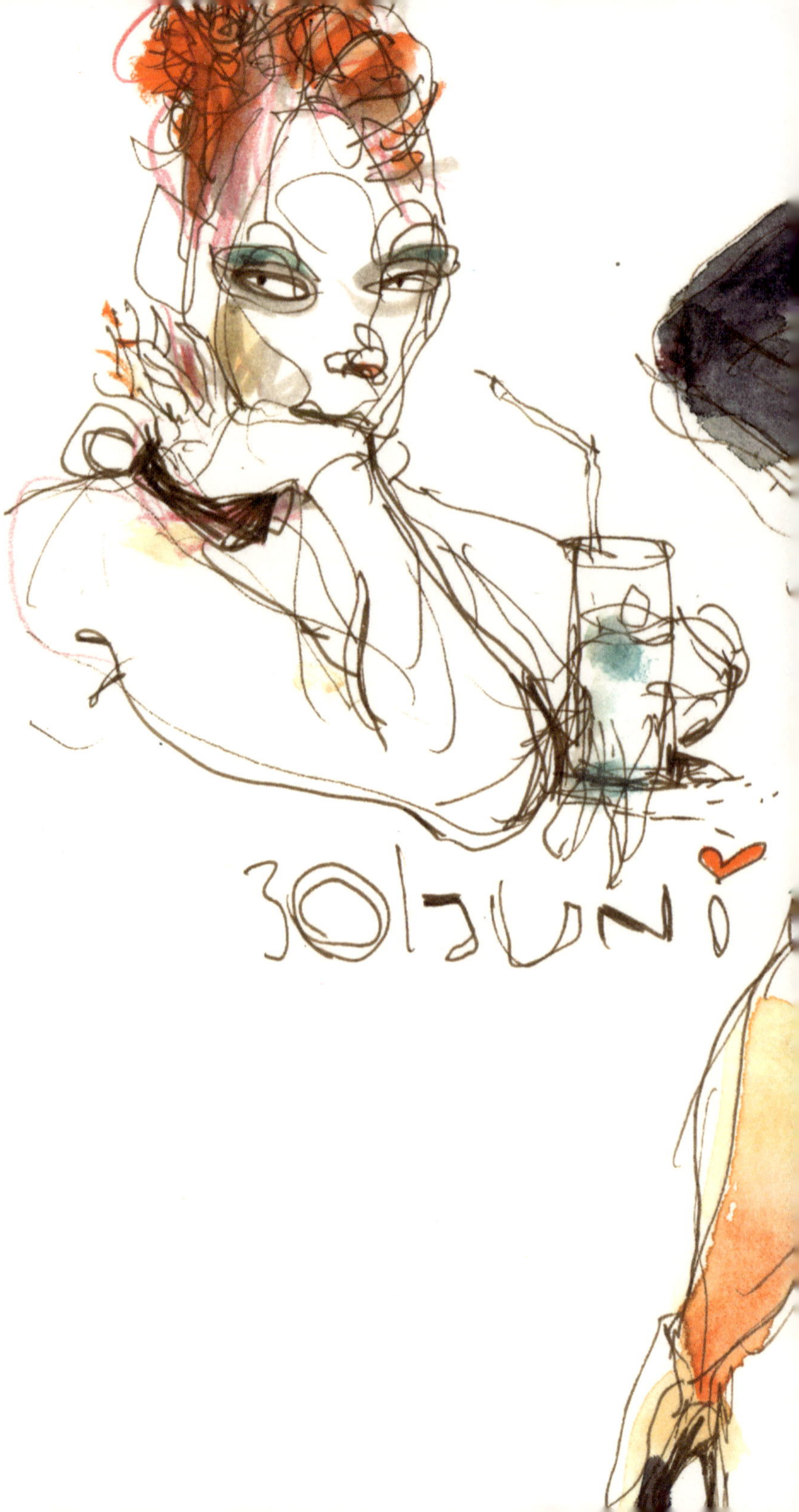
30 JUNI

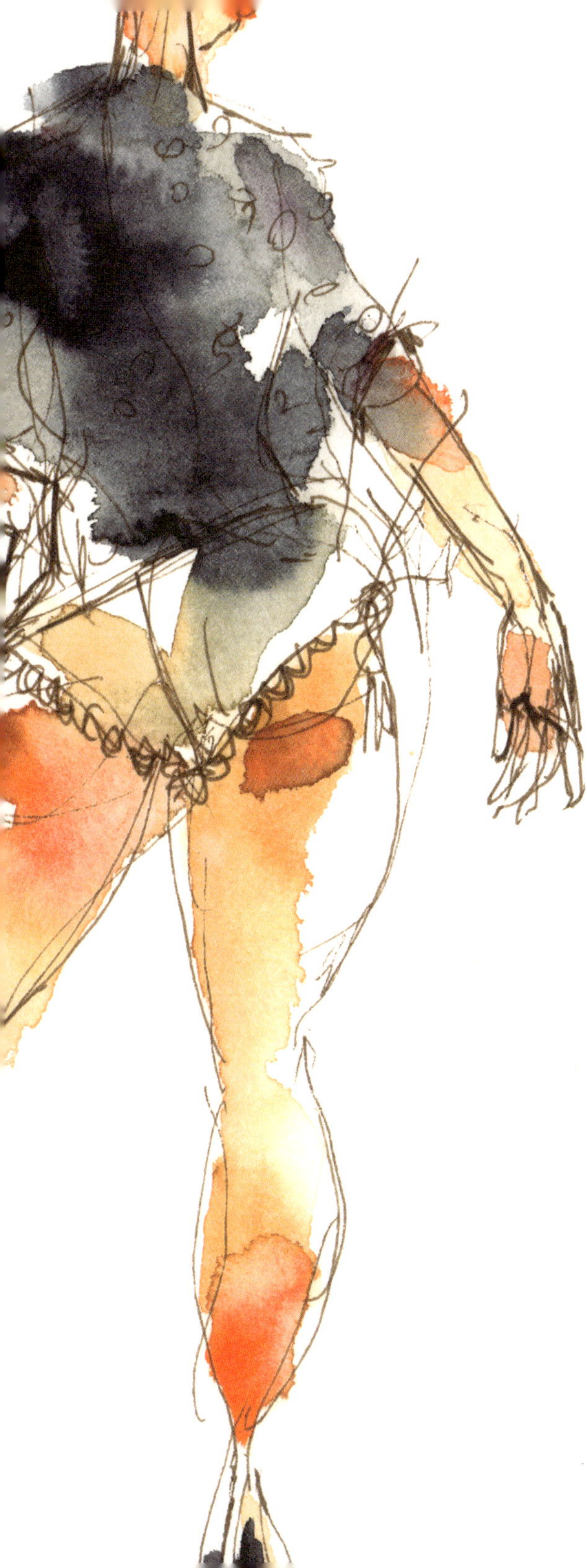

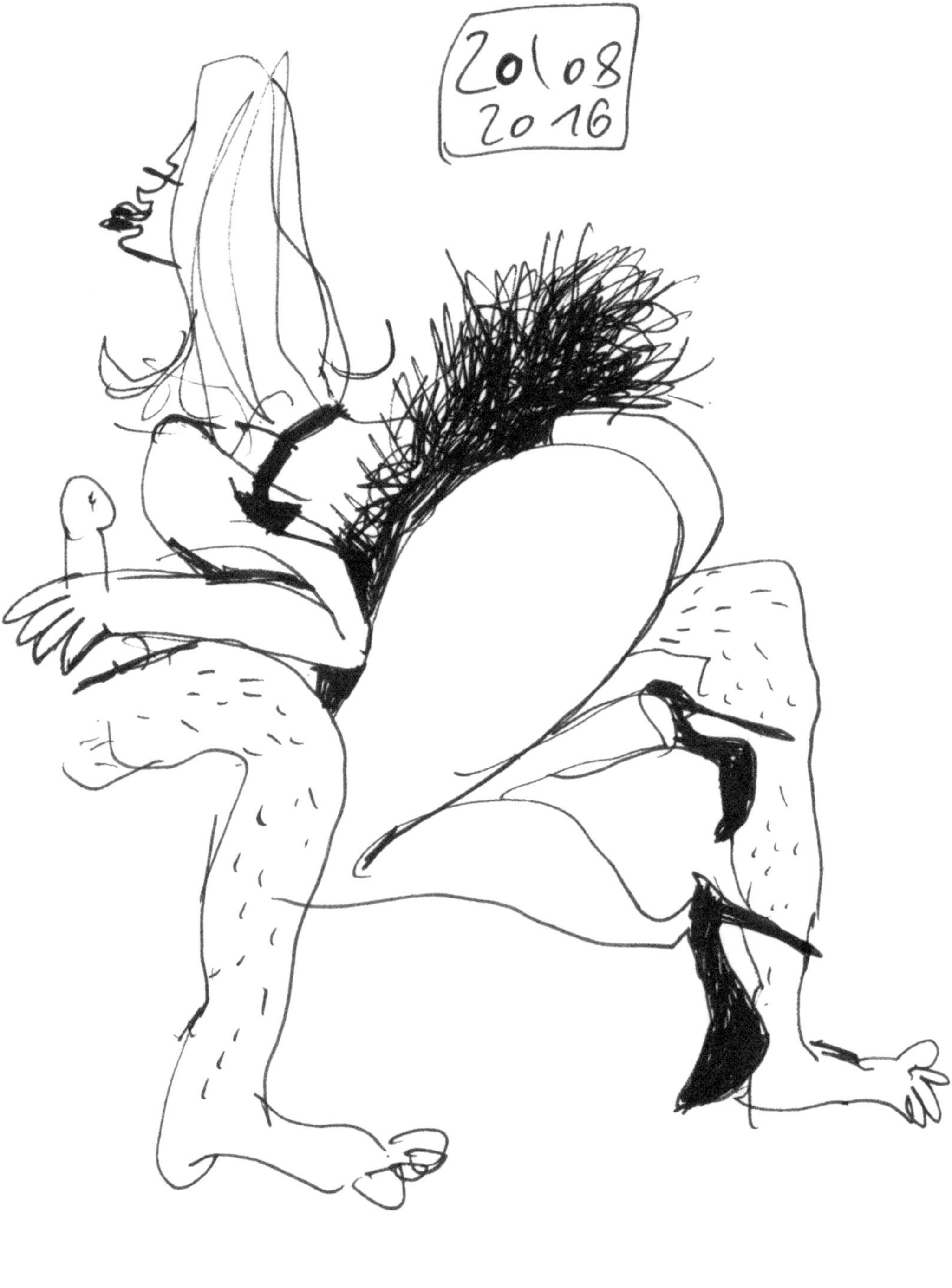
20|08
2016

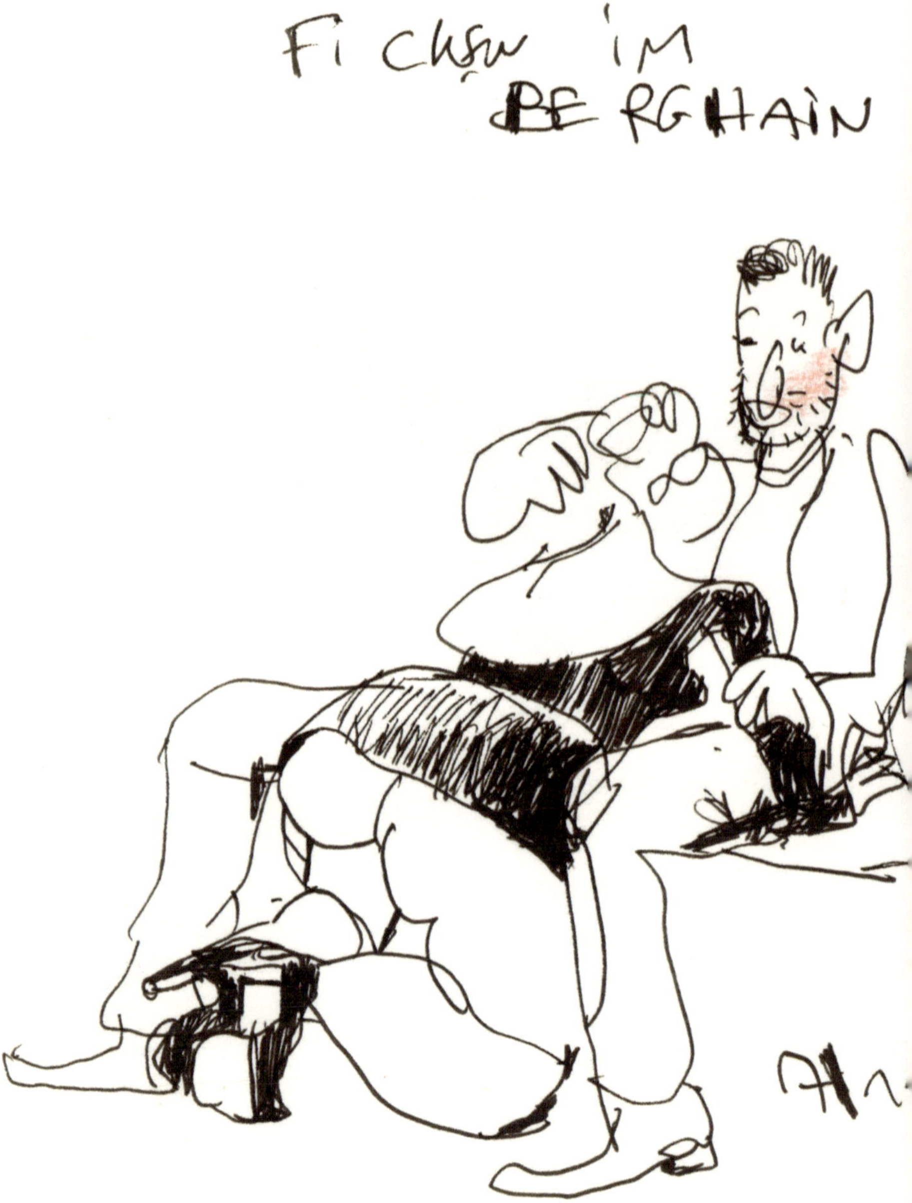
FICKEN IM
BERGHAIN

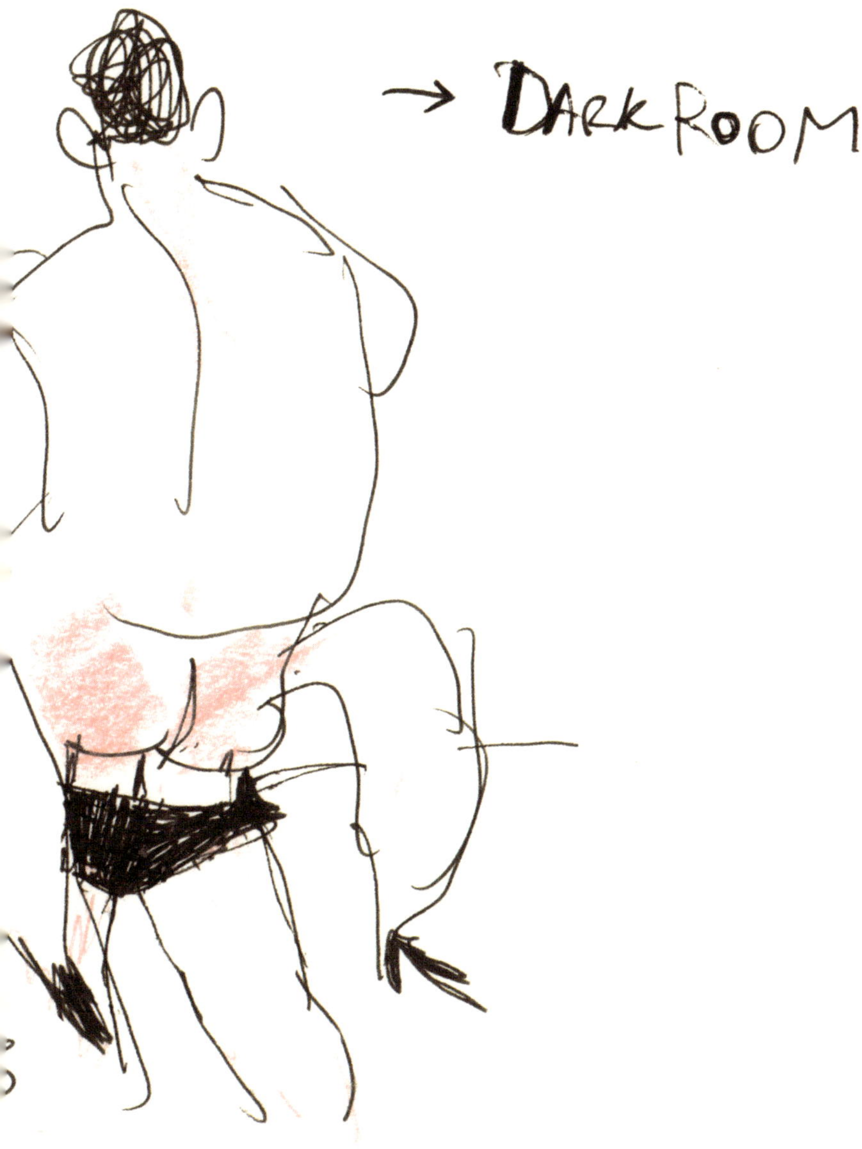
→ DARKROOM

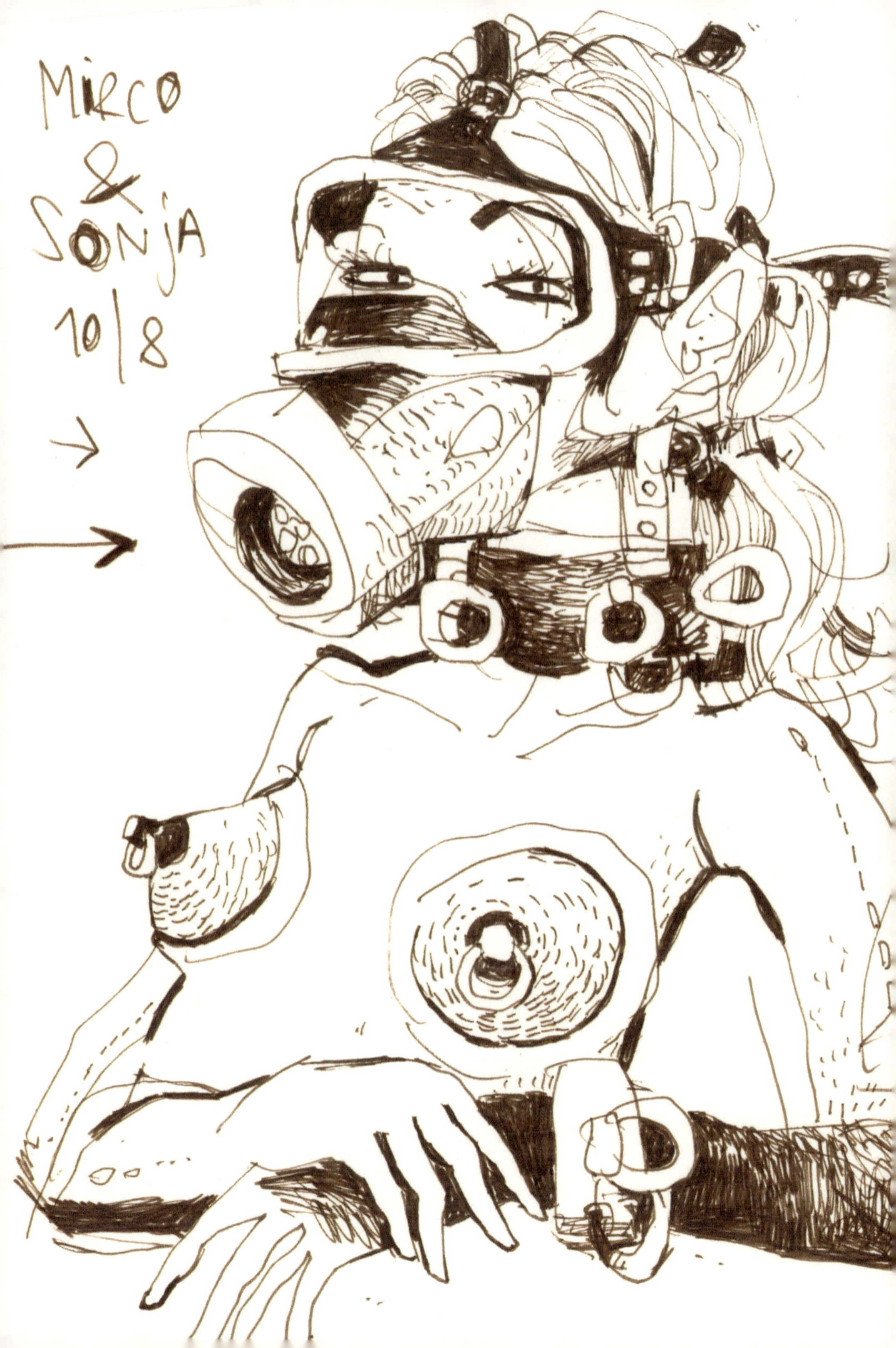
Mirco
&
Sonja
10/8

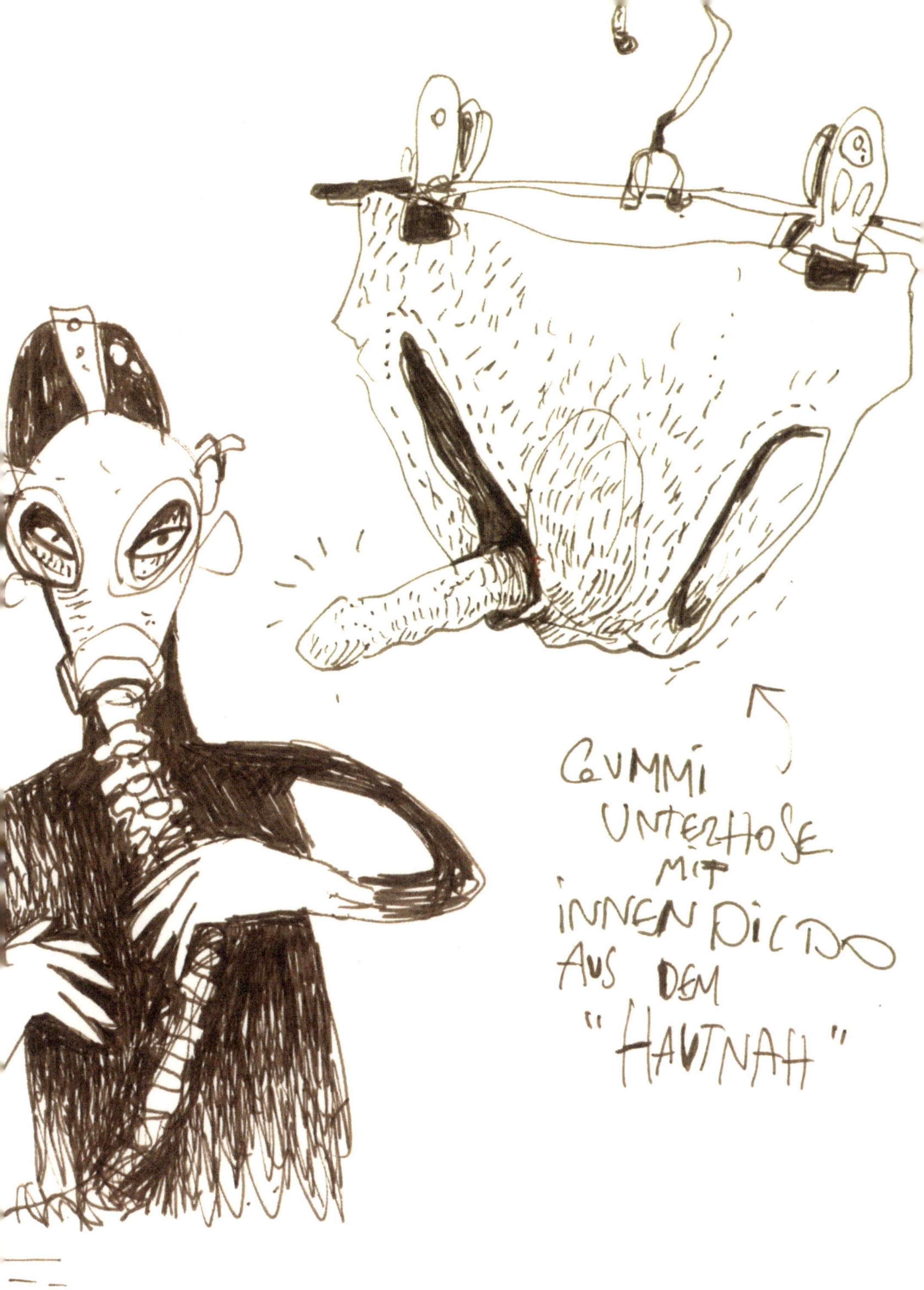
GUMMI
UNTERHOSE
MIT
INNEN DILDO
AUS DEM
"HAUTNAH"

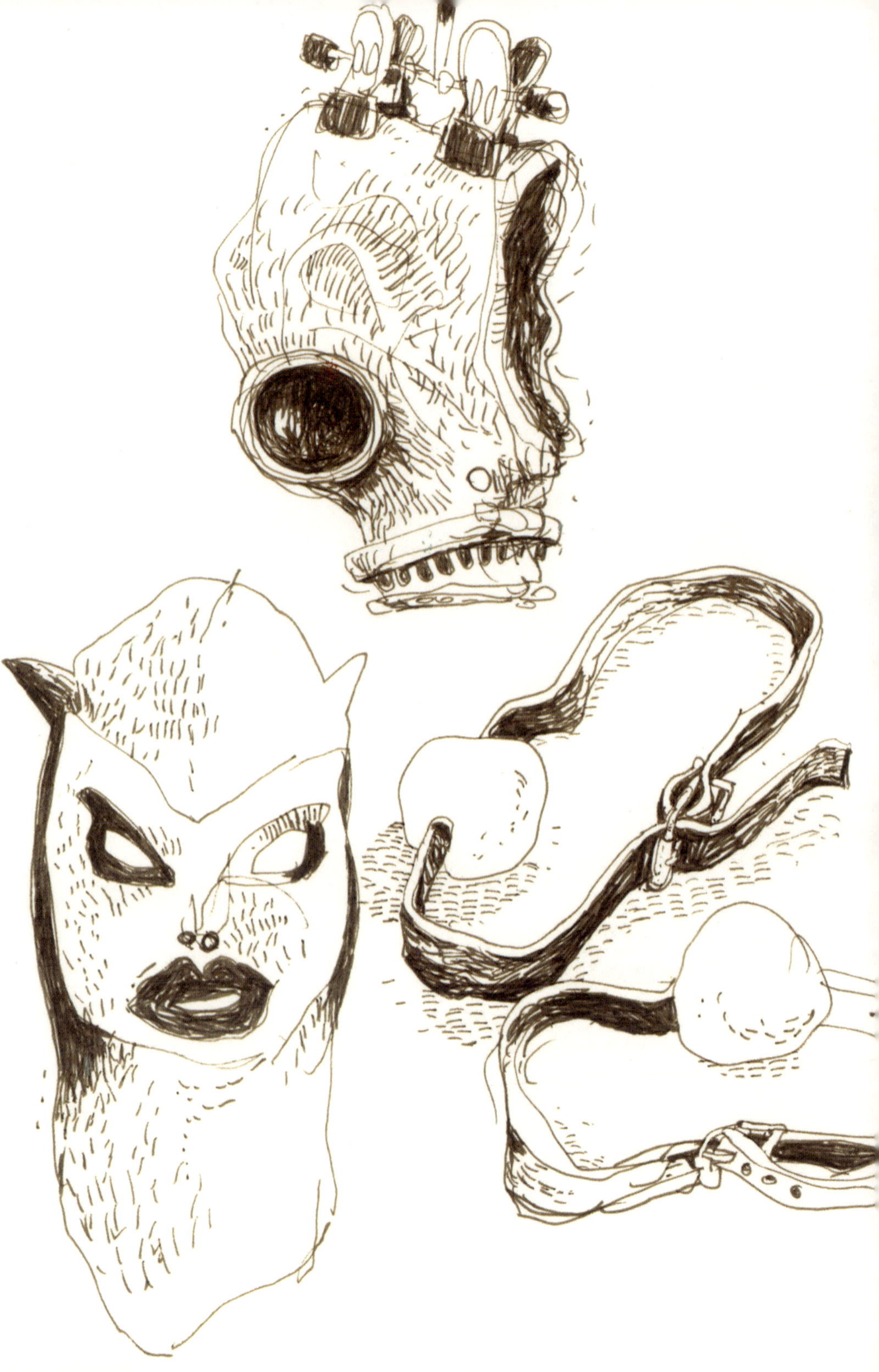

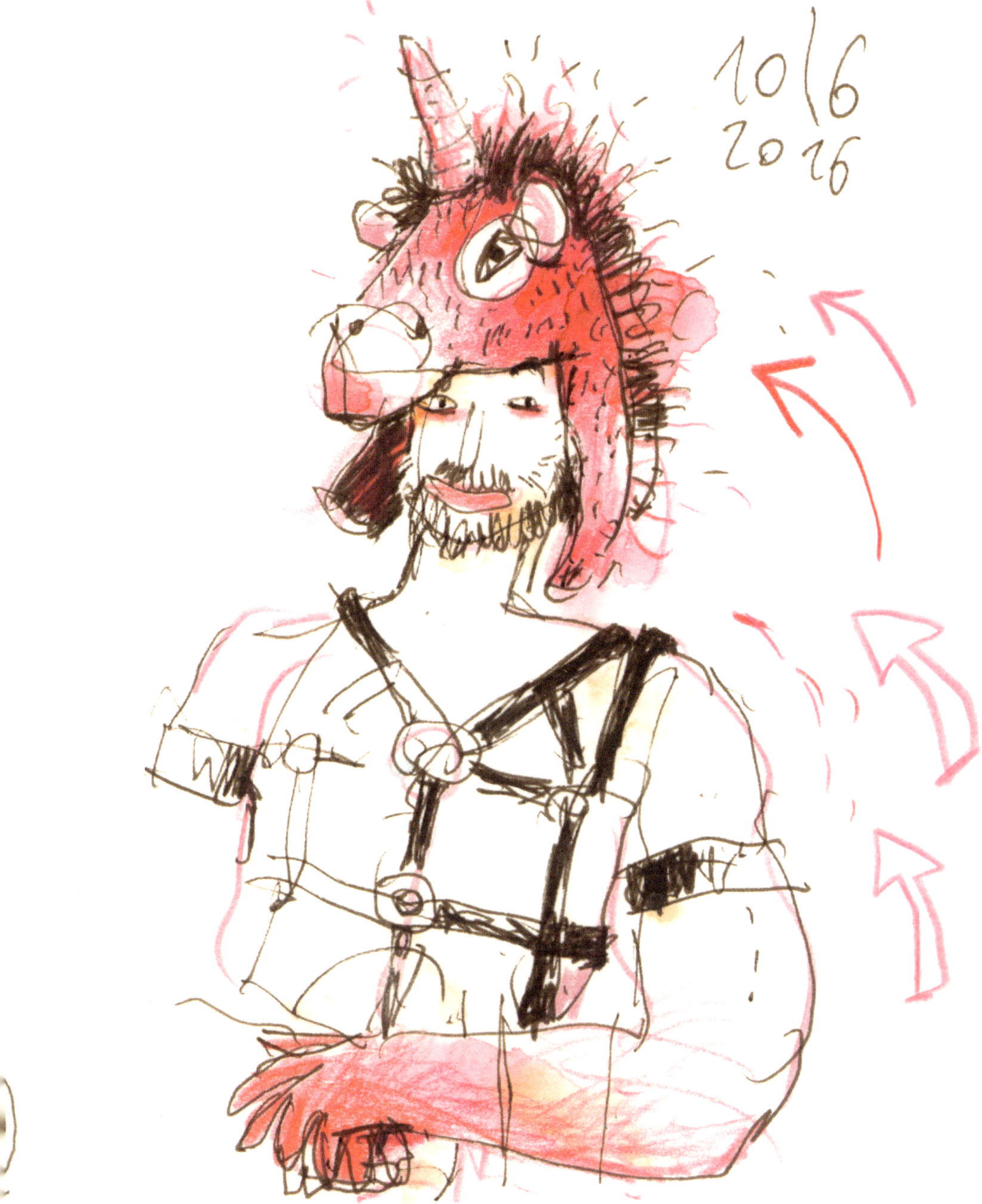

ROMAIN
MIT ROSA EINHORNMÜTZE!!

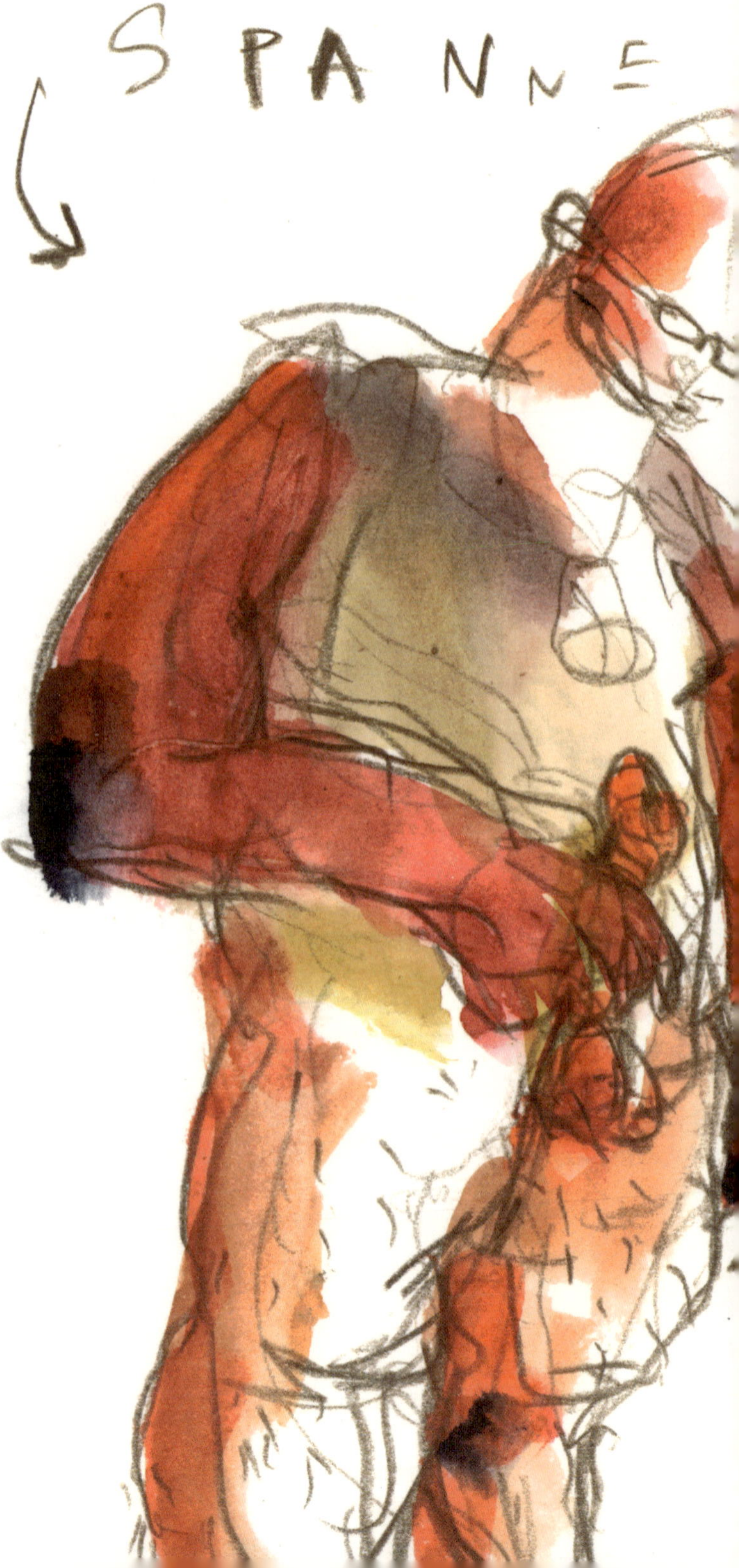
SPANNE

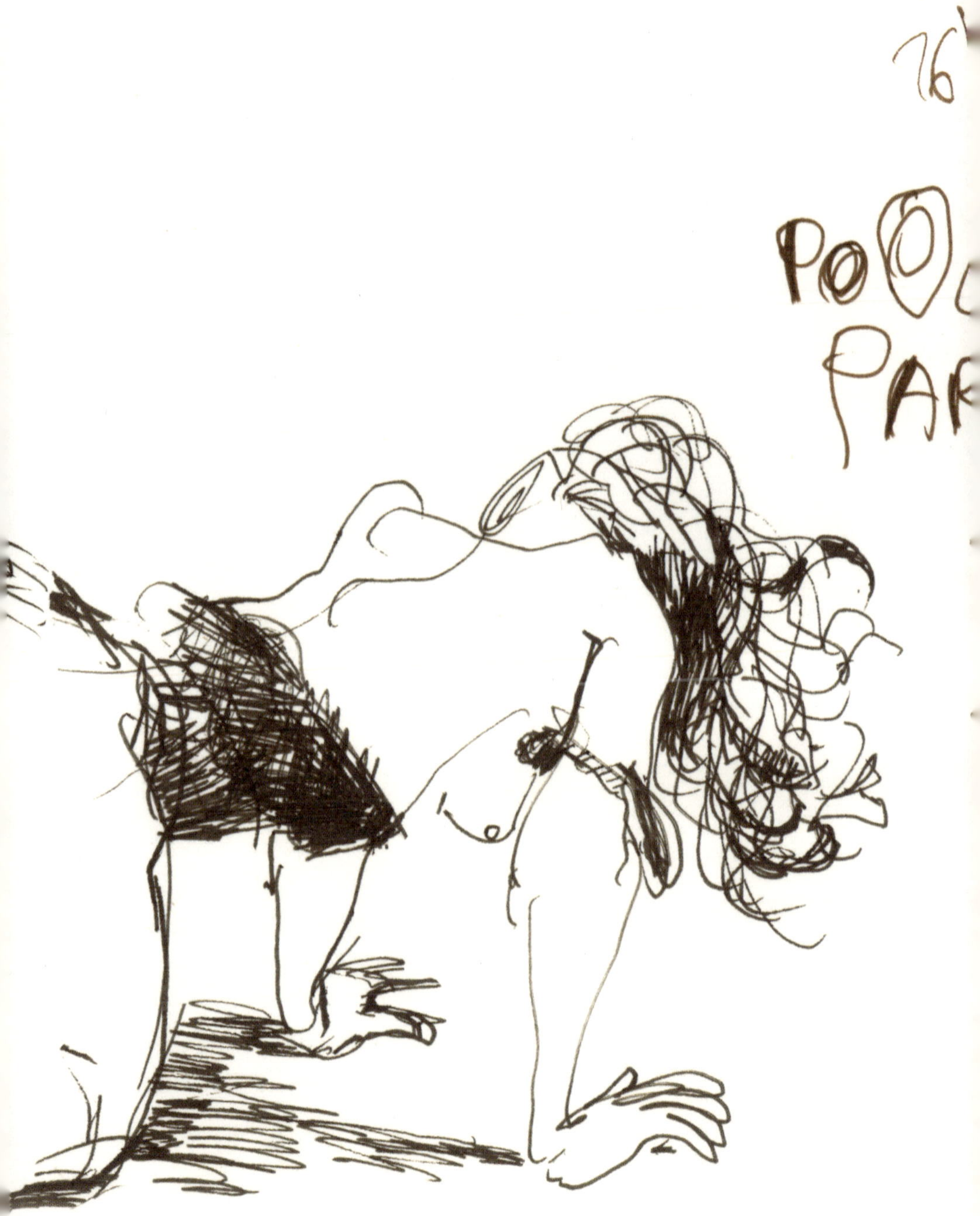

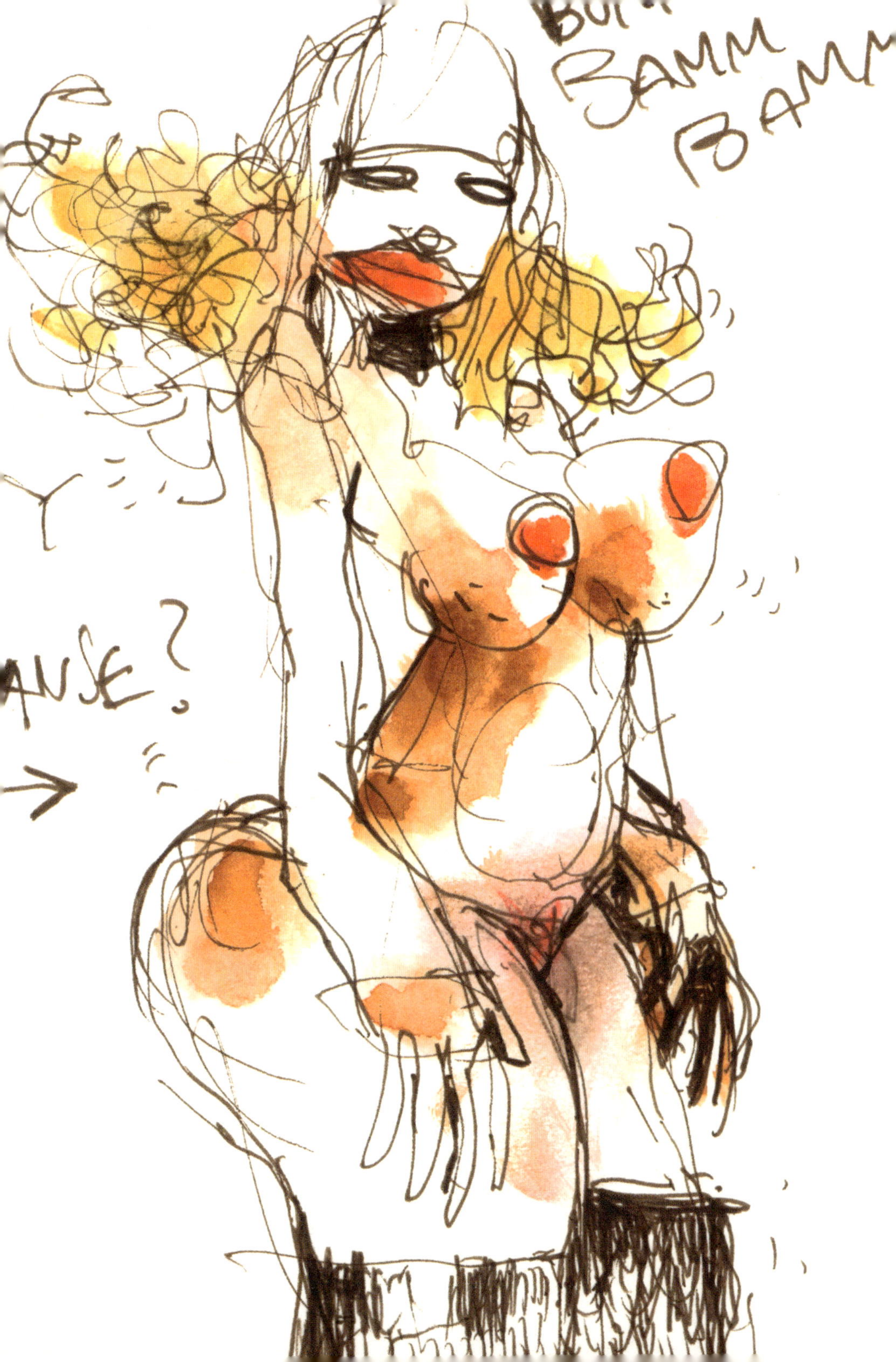
BAMM
BAMM

BLOW

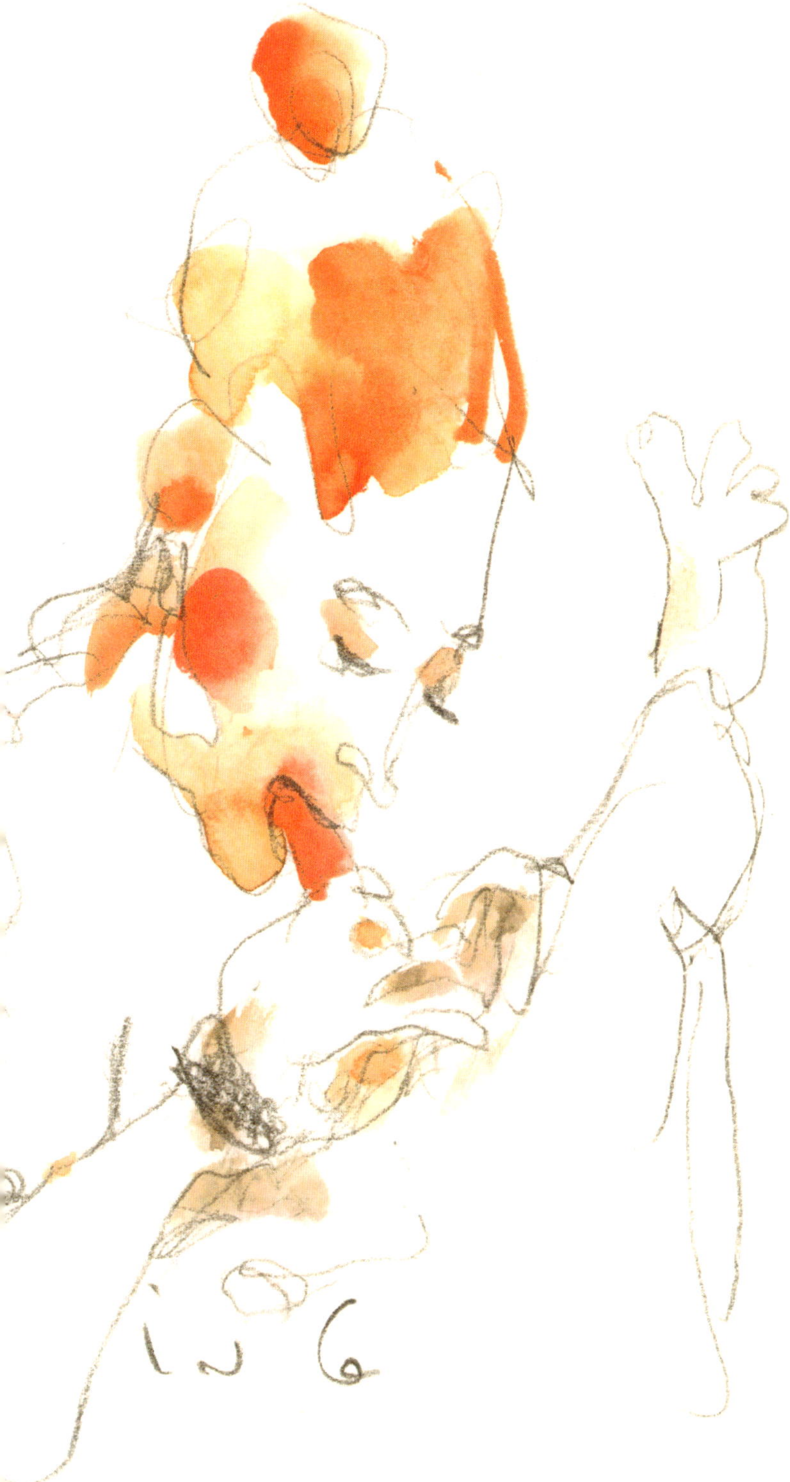

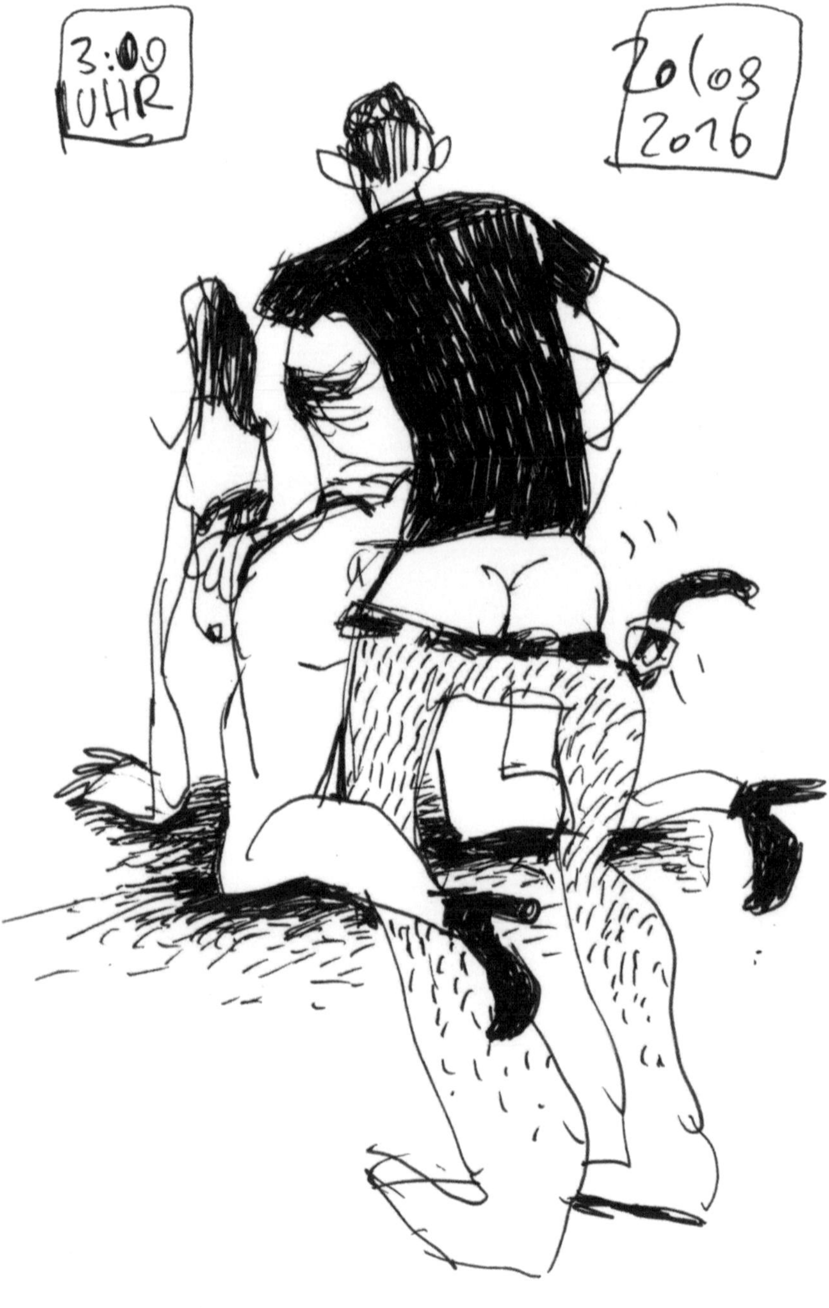
3:00
UHR
20/08
2016

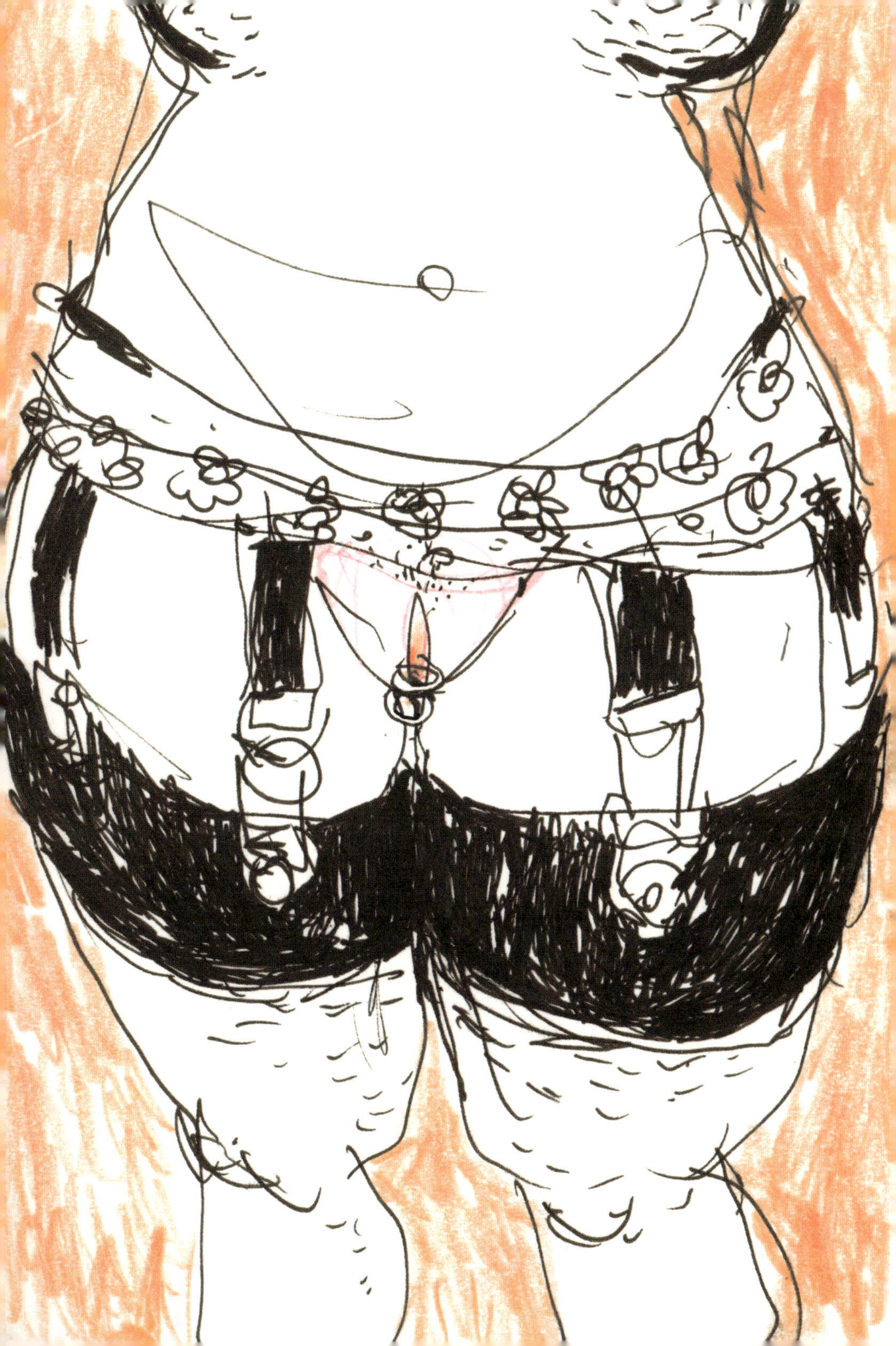

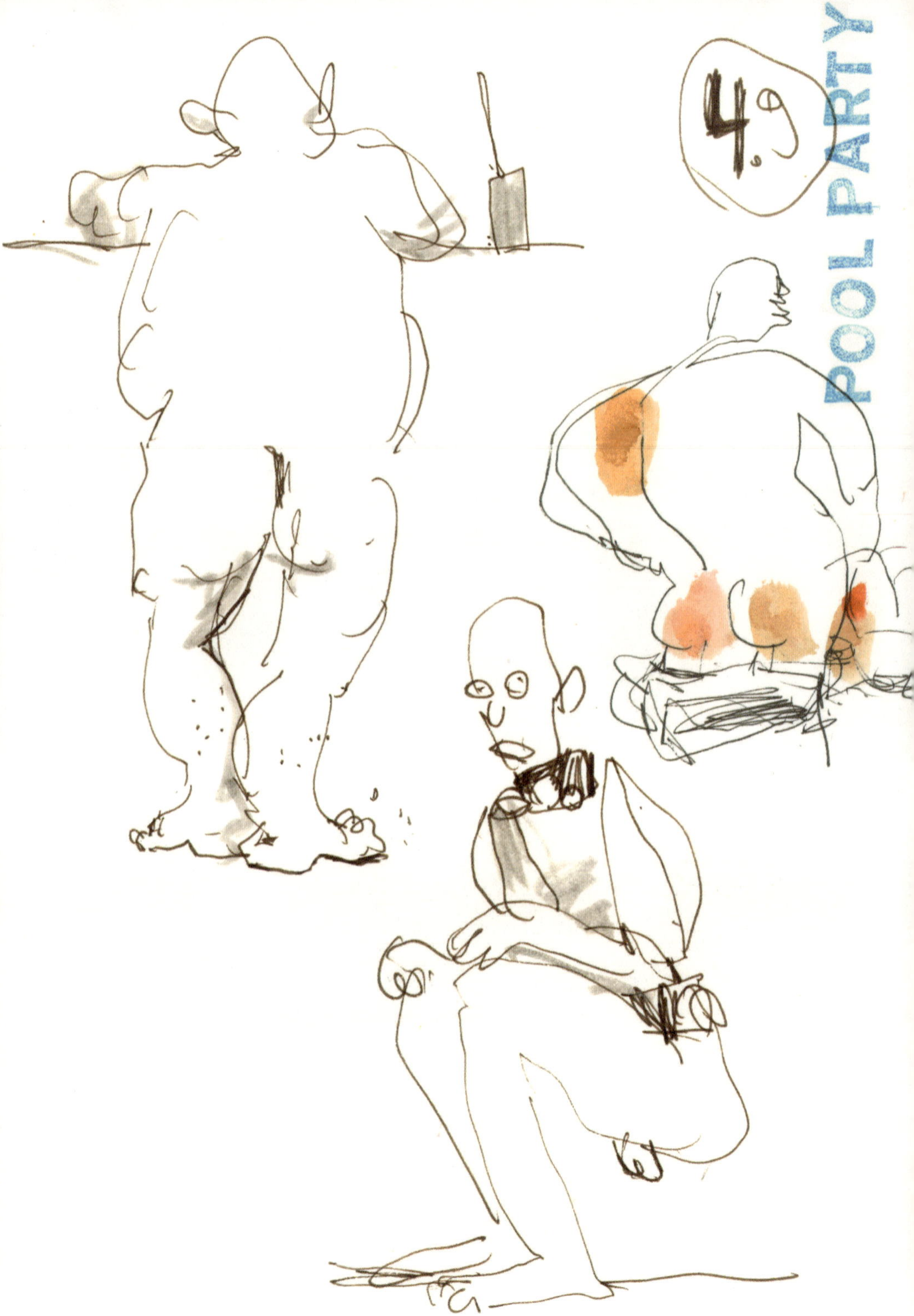
POOL PARTY
4.9

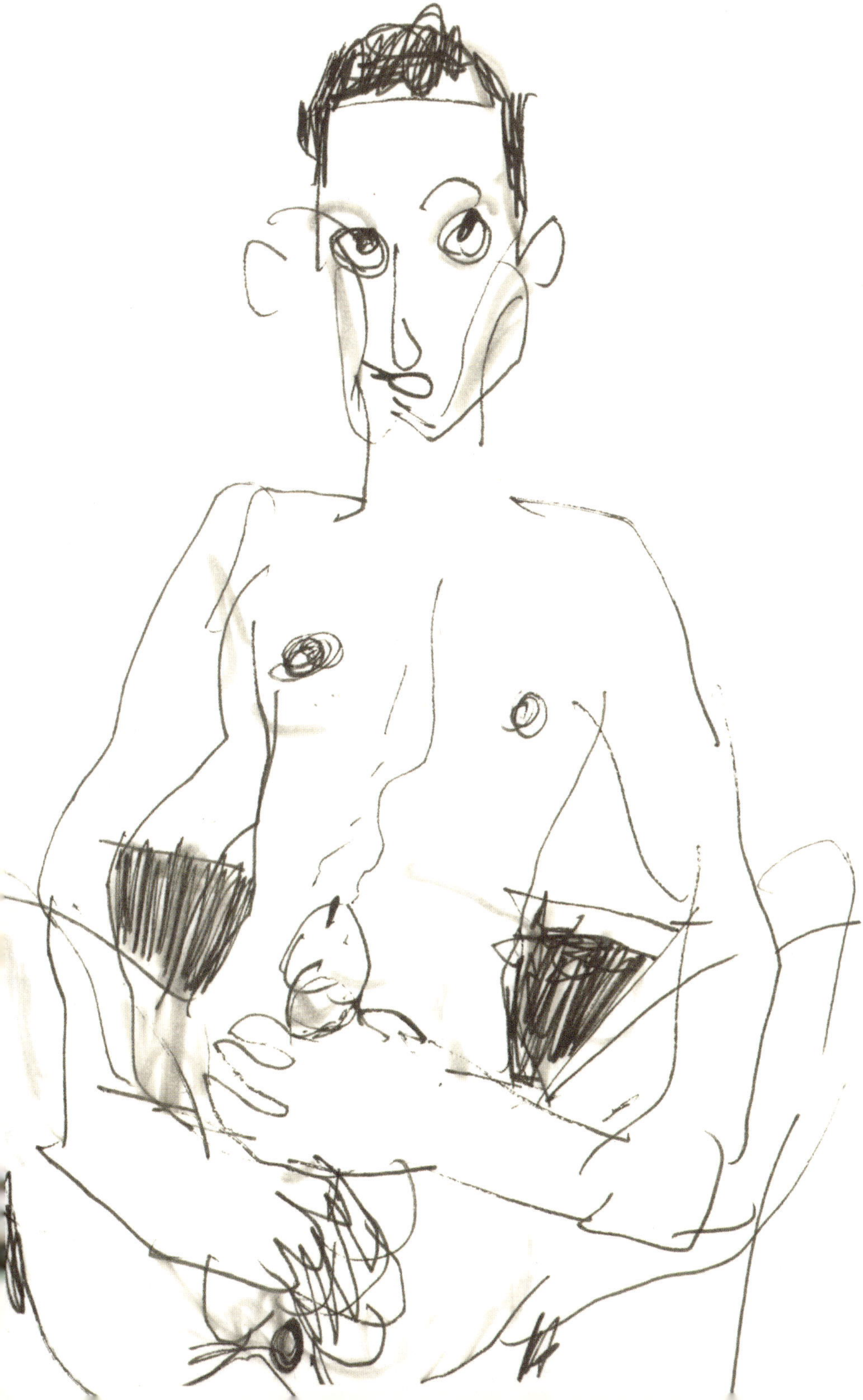

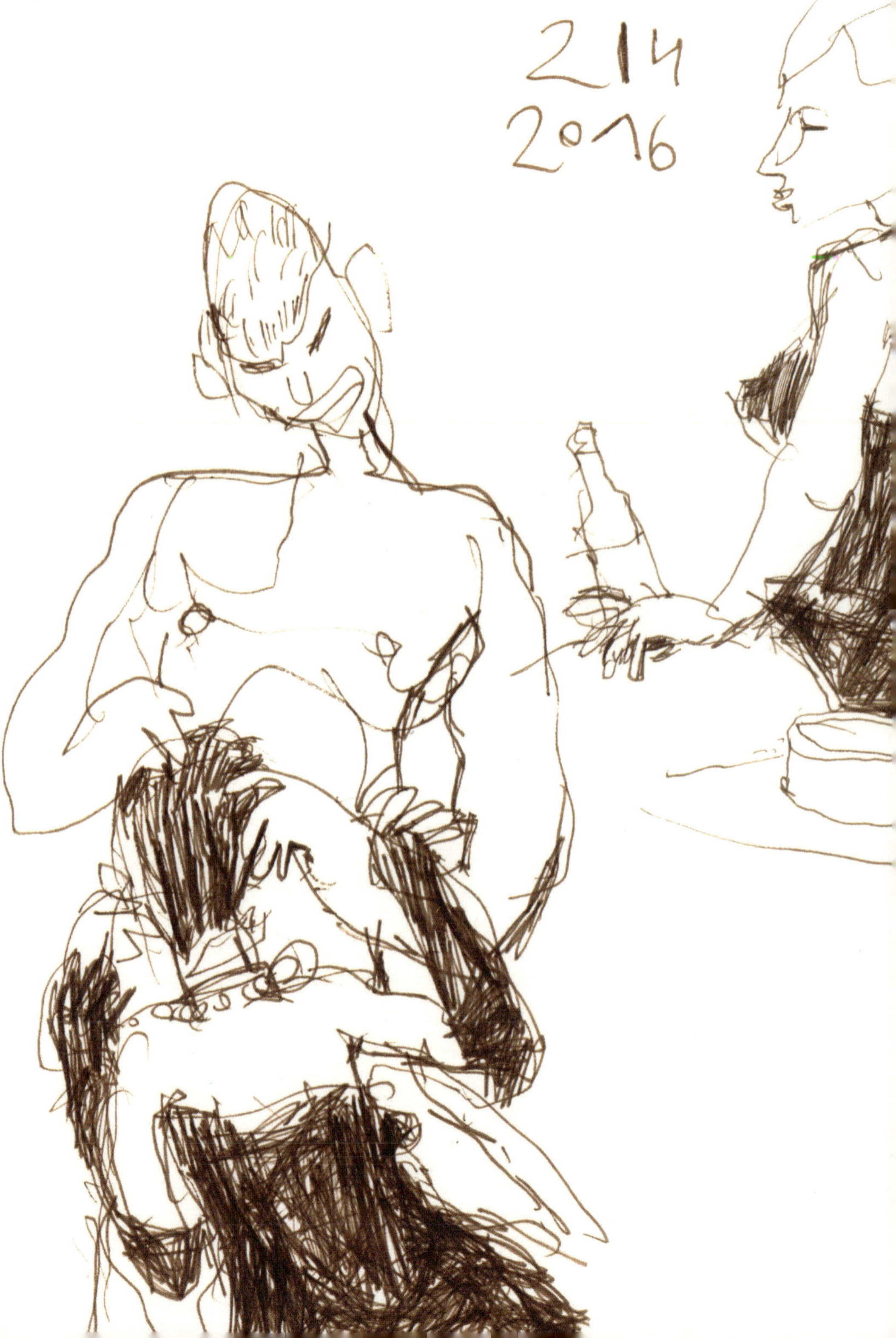
2 14
2016

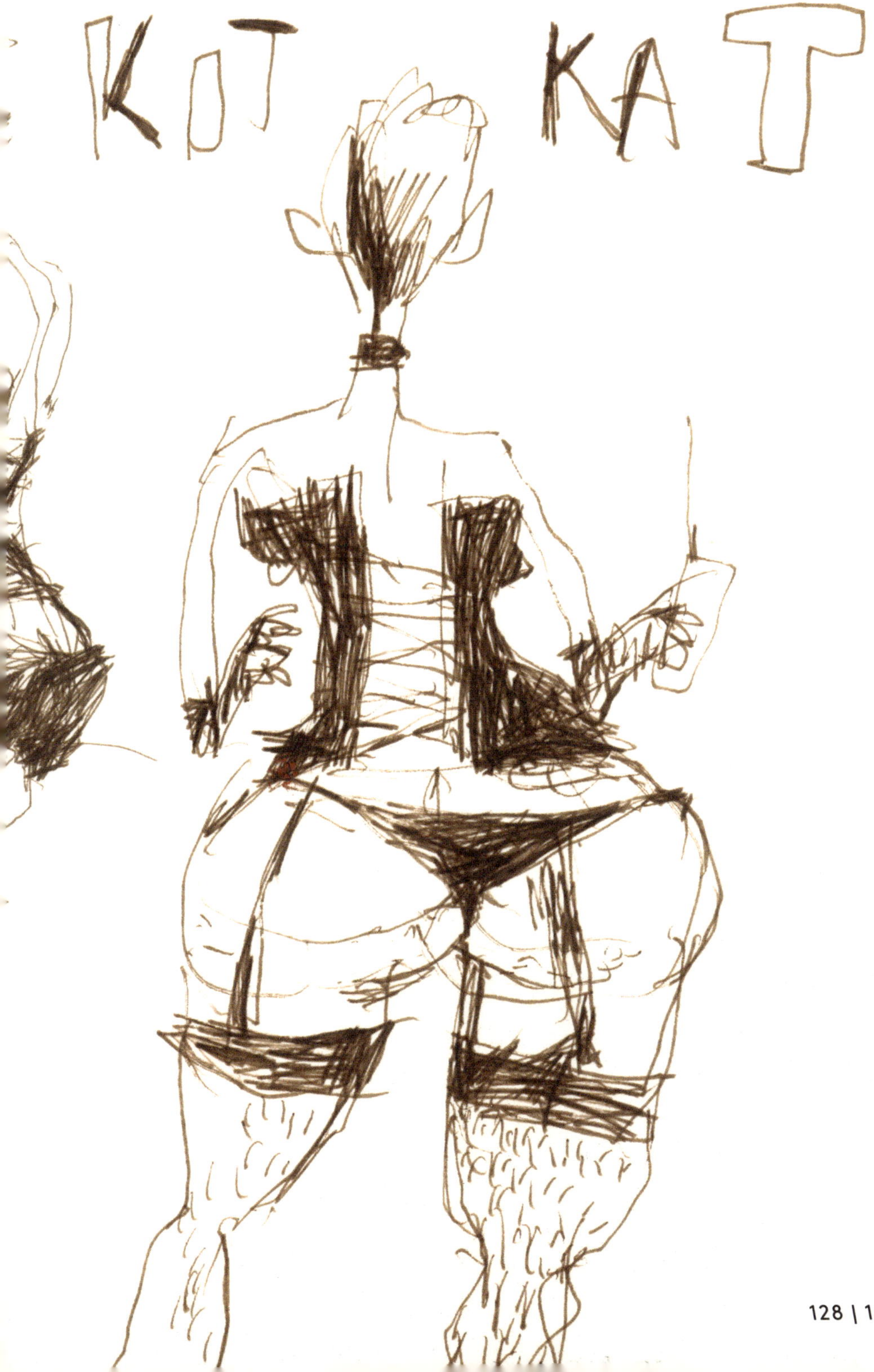
KIT KAT

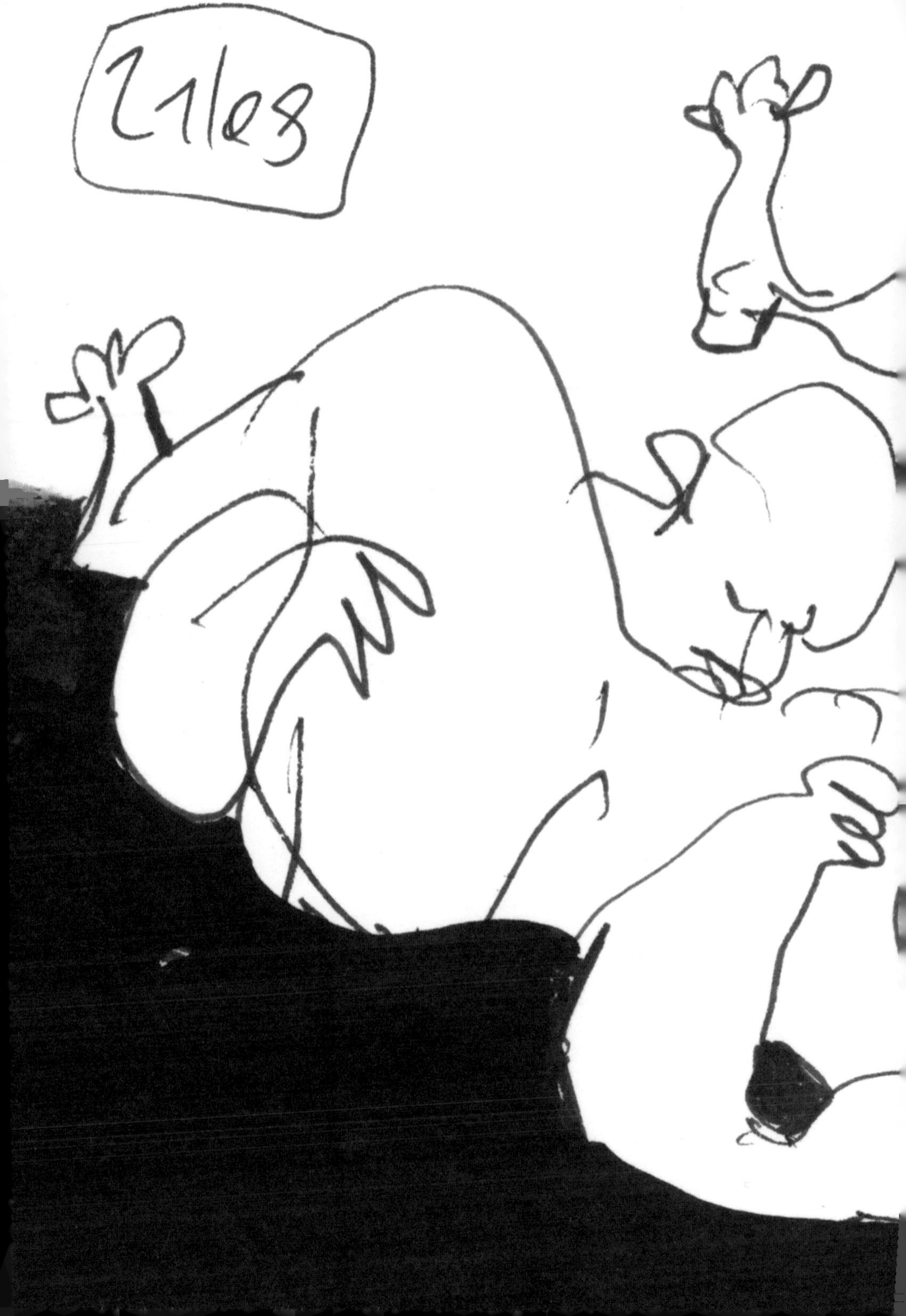
21/08

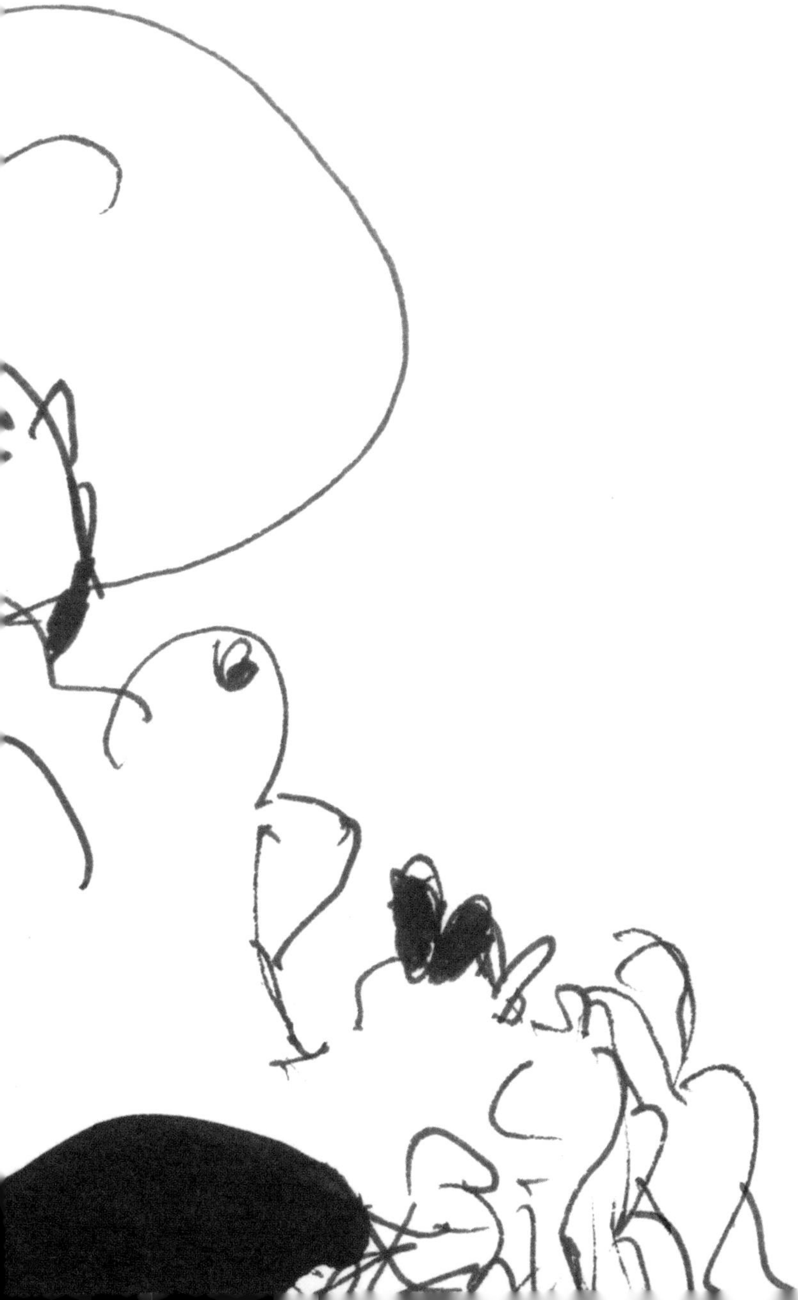

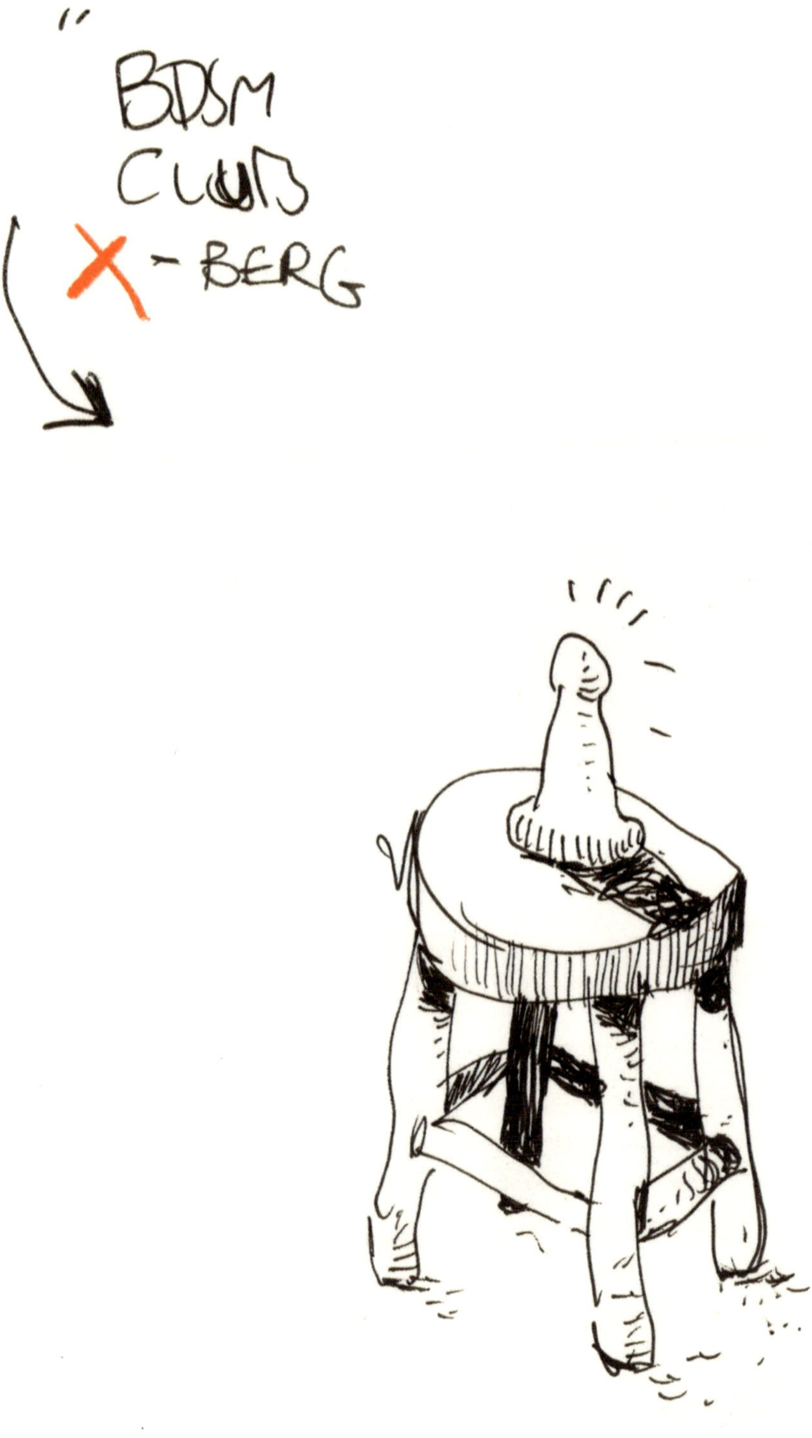
"
BDSM
CLUB
X-BERG

all
drawings
were
created
on-site
at
clubs
in
berlin
between
2012
and 2016

alle
eichnungen
sind
zwischen
2012 und
2016
vor ort
in berliner
clubs
entstanden

Herausgeber: Jaja Verlag. Fein illustrierte Machwerke
© Felix Scheinberger und Jaja Verlag. Berlin 2016
Alle Rechte vorbehalten. Das Werk darf – auch teilweise – nur mit Genehmigung des Verlags wiedergegeben werden.

Zu diesem Titel erscheinen zwei limitierte Vorzugsausgaben
in einer Auflage von je 100 Exemplaren mit Radierungen von Felix Scheinberger.

Zeichnungen: Felix Scheinberger, Berlin
Gestaltung: Rüdiger Quass von Deyen
Vorwort: Kirsten Krüger
Übersetzung: Mirco Skroce

Papier Innenteil: 150 g/m² Munken Print Cream
Umschlag: 115 g/m² Surbalin Glatt
Schrift: LL Brown
Druck: Balto Print, Vilnius, Litauen

Erste Auflage Oktober 2016
ISBN: 978-3-943417-99-9

www.jajaverlag.com
www.felixscheinberger.de